고객의 꿈을
만드는
사람들

고객의 꿈을
만드는
사람들

KMA CS위원회가 선정한
성공 기업의 CS 노하우와 고객감동 스토리

KMAC

고객의 가치를
높이는 경영

고객의 가치를 더 높이고 고객을 만족시켜 나가는 경영 활동은 무한 추구이자 무한 도전의 과제입니다. 오늘날과 같은 시대 상황에서는 국경이나 인종, 피부색을 초월해 고객의 가치를 더욱 높일 수 있는 방법 모색과 실천이 절실히 필요합니다. 가치를 인정받지 못하는 고객은 고객으로서 외면당한다는 것을 알기에 불만이나 원한을 갖는 고객이 되고 맙니다.

잘될 때 더 잘되게 하는 것이 안 될 때에 대한 가장 확실한 대책입니다. 고객이 만족하고 고객 가치가 향상되고 있을 때 이것이 지속적으로 이루어질 수 있도록 좀 더 나은 방법을 위한 지혜를 모으고 에너지를 창출하는 것이 중요합니다. 만족한 고객 대열에서 떨어져나간 고객이 다시 제자리를 찾기까지는 많은 망설임이 따르기 때문에 임기응변적 대응으로는 해결되지 않습니다. 이것이 바로 영원히 고객만족을 구현하고 고객 가치를 더 높여나가는 첩경입니다.

이번 CS 사례집 발간이 고객만족과 고객 가치 증진을 위해 수고하는 개인이나 기업에 큰 도움이 될 수 있기를 염원합니다.

KMA CS위원회 위원장
삼성석유회학 디표이시
허 태 학

기업성장의 원동력
'고객만족'

고객만족이란 고객이 특정 상품이나 서비스로부터 얻을 수 있는 기대치보다 얻어진 가치의 체감 정도가 커야 합니다. 이러한 만족도의 정도는 심리적인 요인과 실질적인 요인의 인식정도에 따라 달라지게 됩니다.

1990년대 초만 해도 우리 시장 여건이 판매자 중심인 Seller's market (공급자중심 시장)이었기 때문에 고객만족경영이란 어휘가 매우 어색하고 생소하였습니다. 이러한 고객만족경영의 불모지였던 시대에 KMAC가 과감히 한국산업의 고객만족도 조사와 함께 '고객만족경영대상'을 제정하여 기업경영의 패러다임 변화에 큰 획을 그었습니다.

그동안 우리나라 기업들도 최고 경영자의 리더십으로부터 조직구성원들의 마인드를 고객중심으로 전환시키고자 많은 노력을 기울여 왔습니다. 더욱이 일하는 방식을 꾸준히 개선하면서 고객의 니즈를 충족시킬 수 있는 관리 방법을 모색하고자 부단의 노력을 하고 있는 현장을 '고객만족경영대상' 심사과정에서 직접 눈으로 확인할 수 있었습니다.

이 책을 통해 우수기업의 사례와 직원들의 활동수기는 고객만족경영이 바로 고객충성도와 기업 브랜드 가치를 제고시켜주며 경영성과를 창출해주는 핵심요인이라는 것을 다시 한번 확인해주고 있습니다.

한국고객만족경영학회 회장
서강대 명예교수
박 내 회

추천사

고객만족을 넘어서

기업은 고객의 기대를 면밀히 살피고 이를 계속 충족시켜 나가야 생존할 수 있습니다. 허황된 약속으로 지나치게 큰 기대를 갖게 한 뒤 고객을 실망시키는 기업은 외면당합니다.

　기업이 경쟁사보다 더 좋은 서비스를 제공하려고 노력하는 것은 기본입니다. 이에 더하여 고객에게 친밀감과 신뢰, 편안함과 존중받는 느낌 등 품질을 뛰어넘는 경험을 제공할 수 있어야 진정한 고객만족을 이룰 수 있습니다.

　이를 위해서 이런 품성과 역량을 지닌 사원을 현장에 배치하고, 양성하고, 잘할 수 있도록 격려해서 사원들을 만족시켜야 고객만족의 선순환이 이루어질 수 있습니다. 물론 최고 경영층부터 솔선수범하지 않는다면 고객만족경영은 한낱 공염불에 불과합니다.

　이 책에는 고객만족을 위해 노력하는 기업들의 최신 경향과 현장 사원들의 경험에서 우러나오는 생생한 목소리가 재미있게 구성되어 있습니다. 고객 접점에서 일하는 분들이라면 이 책을 통해 실질적인 도움을 얻을 수 있을 것입니다.

교보생명 회장
신 창 재

차례

Part 01
즐거운 서비스, 행복한 고객

1 • 고객 중심형 '탄탄' 기업 만들기

2 • 고객을 사로잡는 '특별한' CS 전략

Part 02
2006 고객만족 활동수기

Part 03
제14회 고객만족경영대상 수상 기업 CS 활동사례

01

즐거운 서비스, 행복한 고객

1 고객 중심형 '탄탄' 기업 만들기
2 고객을 사로잡는 '특별한' CS 전략

1

고객 중심형 '탄탄' 기업 만들기

01 고객의 기대 가치가 곧 시장 가치

성균관대 경영학부 교수
김정남

최근 시장 변화 추세를 보면 고객만족도가 높을수록 가격 탄력성이 떨어지는 경향이 두드러지게 나타나고 있다. 이는 고객 가치가 올바르게 반영될 경우 높은 가격을 수용할 수 있음을 보여준다.

제품과 서비스에 고객의 기대 가치가 반영되지 않으면 시장 가치를 상실할 수밖에 없다. '제품을 팔려면 팔릴 제품을 만들라'는 말이 있듯이 고객의 구매 이유 및 선택 기준이 중요한 의미를 갖게 되었다. 시장 가치의 결정 및 영향 요인 비중이 기업에서 고객으로 옮겨간 것이다. 고객이 제품을 기억하는 것은 기업이 제품을 위해 끊임없이 연구하고 투자해서라기보다 제품과 서비스가 고객이 원하는 가치를 제공할 수 있기 때문이다.

과거 고객 가치는 가격 대비 품질에 국한됐으나 지식사회의 선도적 고객 가치는 변화무쌍한 고객의 선호 이유들을 내포해야 한다.

수평적인 관점에서는 고객의 기대 가치가 넓어진 만큼 고객이 원하는 개성적 기대 가치는 물론 서비스 관점의 정서적 가치(Emotional Charge), 신뢰 차원의 사회적 책임 가치(Social Responsibility)를 제공하고 고객과 공유할 수 있어야 한다. 수직적 관점에서는 고객의 생각과 생활에 부합할 수 있고 꿈을 현실화시켜 줄 수 있는 특성적 소재, 색상, 형태, 디자인, 브랜드 에센스, 기호 등을 고객에 따라 차별화할 수 있어야 한다.

지식사회의 고객은 필요성, 편의성을 넘어 좋아하는 것, 갖고 싶은 것, 느끼고 싶은 것, 같이 하고 싶은 것이 현실화될 때 가격 조건을 희생할 준비가 되어 있다. 고객 가치가 시장 가치로 승화될 때의 가치는 제품 중심의 시장 가치보다 훨씬 높으며, 세계 시장에서 경쟁력을 갖는 지식 자산으로 평가받게 된다.

이러한 고객 가치를 실현하려면 기업의 서비스가 고객에 대한 다음과 같은 신념을 고객 지식을 기반으로 전문화하고 일관성 있게 선도적으로 고객과 함께 공유할 수 있어야 한다.

첫째는 주관적인 이용 가치에 대한 신념이다. 즉, 이미지 정보에 부응하는 서비스의 실질적인 이용성에 대한 믿음을 공유할 수 있어야 한다. 둘째는 고객의 기대 가치에 대한 공감이다. 개인적으로 차이는 있으나 서비스를 통해 주관적인 대리만족 기능을 충족시킬 수 있어야 한다. 셋째는 사회적 확산 가치에 대한 배려다. 미래 고객은 욕구 충족은 물론 환경에 대한 의식적 배려와 사회적 책임 수준도 높다. 넷째는 생활 가치로서의 감성적 문화 가치를 내포하고 있어야 한다. 지식사회가 정착돼가면서 생활수준이 높아지고 풍요로워지는 만큼 제품과 서비스는 고객의 생활 속으로 들어가 고객의 생활과 동화될 수 있는 감성의 세계를 열어줄 수 있어야 한다. 마지막으로 고객의 마음속에 있으면서 노출되지 않은 잠재 가치를 일깨워줄 수 있어야 한다. 이제 가치 창조의 초점도, 창의적 경영의 핵심도 고객 가치를 기반으로 해야 한다. 고객 가치를 중심으로 한 고객 경영만이 새로운 사회 경영 시대를 열어갈 수 있다.

02 CEO의 **끌리는 조직** 만들기

대부분의 사람들은 항상 듣고 있기 때문에 듣는 법을 알고 있다고 생각한다. 그러나 실제로는 자신의 준거 틀 안에서 듣는 것이다. 조사 대상 직원의 17%만이 조직이 진실로 열려 있고, 솔직하고 존중해주는 커뮤니케이션 구조를 갖고 있다.

－ 스티븐 코비 『성공하는 사람들의 7가지 습관』 중에서

M전자 강 사장은 회의할 때마다 심각한 분위기를 의도한 것도 아닌데, 쥐 죽은 듯 정적이 흐르는 분위기가 맘에 들지 않는다. 뒤돌아 생각해보면 그동안 회의석상에서 직원들의 얘기를 듣기보다는 혼자만 얘기하기 일쑤였다. 가끔 의견을 개진하는 직원들에게도 자신의 의견과 맞지 않으면 무시하거나 호통치는 일도 있었다.

그래서일까. 요즘은 새로운 아이디어를 제시하라고 아무리 얘기를 해도 서로 눈치만 볼 뿐 꿀 먹은 벙어리마냥 묵묵부답이다. 가끔은 이런 권위적이고 심각한 회의 분위기를 깨고 싶지만 그것 또한 쉽지 않다. 아, 어디서부터 무엇이 잘못된 것일까.

'공감적 경청'으로 마음 얻기

'입으로는 친구를 잃고, 귀로는 친구를 얻는다'는 말이 있다. 자기 말만 앞세우는 사람에게선 친구가 떠나가고, 남의 말을 정성스럽게 듣는 사람에게는 친구들이 모인다는 얘기다.

기업 경영에서도 마찬가지다. 특히 CEO와 임직원들의 커뮤니케이션 문화는 CEO의 영향력이 절대적이다. CEO가 직원들의 얘기를 경청하지 않는다면 결국 M전자 사례처럼 변해버릴 수밖에 없다. 이는 결국 조직 문화를 삭막하게 만들고, 내부 고객들의 불만지수를 높이게 된다. 경청의 리더십이란 '공감적 경청'을 통해 부하들의 마음을 사로잡고 그들의 태도와 행동을 바람직하게 변화시키는 리더십이다. 때문에 경청은 말이 아니라 두 귀로 상대방을 설득하는 것이라고도 한다.

피터 드러커는 '종업원은 피고용자가 아니라 사람이다'라고 했다. 종업원이 없으면 제품이나 서비스를 제공할 수도 없고, 가치도 창출하지 못한다. 고객도 임직원도 모두 사람 간의 관계에서 시작된다. 이 관계에서 감정의 핵심은 '마인드 셰어', 즉 서로 마음을 나누는 일이다. 내부 고객과 외부 고객을 함께 만족시키기 위해서는 먼저 CEO와 임직원이 이와 같은 관계를 형성하고 있어야 한다.

적합한 사람을 버스에 태워라

짐 콜린스는 그의 저서 『좋은 기업을 넘어 위대한 기업으로(Good to Great)』에서 좋은 회사를 위대한 회사로 도약시킨 리더들이 맨 처음 한 일은 적합한 사람들을 버스에 태우는 일이었다고 한다. 즉, 훌륭한 자질을 가진 사람을 채용하는 일이 가장 중요하다는 것이다.

고객을 향해서 기분 좋은 표정을 지을 수 있는 자질을 지닌 사람을 채용하는 것이야말로 가장 필요한 일이다. 그 누구도 비관주의자를 위해 일하고 싶어하지 않는다. 격려하고 희망을 주기보다는 비판하고 흠 잡는 자를 위해 일하고 싶어할 사람은 없다.

일을 하는 스킬은 교육할 수 있지만 기본적인 사람의 됨됨이나 성향은 교육하기 힘들다. 또한 낙관적이고 긍정적인 사고를 가진 사람은 다른 사람에게도 쉽게 전염돼 좋은 영향을 준다. 이러한 사람을 뽑아서 그들이 계속 일하도록 만들어야 한다.

CEO는 이러한 인간관계 역량이 있는 사람들을 채용하기 위해 고용 프로세스에도 많은 주안점을 둬야 한다. 고용과 함께 신입 직원을 교육하고 문화에 적응시키는 일도 중요하게 다뤄야만 매력적인 직원들로 넘치는 끌리는 조직으로 성장시킬 수 있다.

03 '가장 편한 시스템'에 올인하라

고객이 경험하는 문제점의 80%는 사람의 잘못이 아닌 시스템에서 비롯된다.
—존 굿먼, TARP사 사장

"**고**객님, 우리 매장에서 산 옷이 아니면 수선이 안 됩니다."

"같은 브랜드 제품인데 왜 수선이 안 된다는 거죠?"

"회사 정책 때문에 어쩔 수가 없네요."

"백화점 입점 브랜드는 어느 매장에서 샀는지와 상관없이 수선해줄 수 있는 게 원칙 아닌가요?"

"고객님께는 죄송합니다만, 사실은 우리도 중간에서 죽을 지경이에요. 제발 고객 상담실에 전화해서 거세게 항의해주시겠어요?"

스스로 고객에게 친절하다고 자부하는 K백화점 의류 브랜드 매장 매니저 나친절 씨. 하지만 다른 백화점에서 샀다는 이유로 자사 브랜드임에도 교환이나 환불은 물론 수선조차도 해줄 수 없어 매번 난감한 상황이 발생한다. 이 회사 '짠돌이 사장'의 경영 원칙 때문에 어쩔 수 없이 'No!'를 외쳐야 하는 나친절 씨의 마음도 괴로울 수밖에. 오죽했으면 고객에게 대신 항의해달라고 부탁했을까.

나친절 씨의 사례는 기업의 비즈니스 방식을 일방적으로 정해놓고 고객이 이를 무조건 따르도록 하는 데서 비롯됐다. 이러한 방식은 결과적으로 보면 비용을 줄이기도 힘들 뿐더러 고객을 떠나보내는 위험이다. 이는 서비스 담당자 개인의 문제가 아니라 기업 시스템 전반의 문제로 봐야 한다.

고객만족경영 문화를 만들기 위해서는 사람의 변화도 필요하겠지만, 기본적으로 '거래하기에 편한(Easy to do business with : ETDBW)' 시스템을 만들어야 한다. 종업원은 기본적으로 시스템이 허락하는 만큼만 서비스를 제공할 수 있기 때문이다.

시스템에 말을 걸어라

백화점의 수선 정책에 불만을 느낀 고객 뚝소리 씨는 바로 해당 브랜드 고객 상담실에 전화해 조목조목 따지며 항의했다. 다행히 이러한 불만 접수는 왕짠돌 사장에게 보고됐고, 왕 사장도 고객들의 수차례에 걸친 항의와 이에 따른 매출 감소로 문제의식을 느끼고 있던 터라 현재 처해 있는 상황을 돌파하기 위해 문제점이 무엇인지 파악에 나섰다.

'어디에서 잘못된 것일까? 우리 회사의 현재 시스템은 고객이 거래하기에 어떤 점에서 불편한가?'

이러한 질문을 통해 자사의 시스템이 비용 증가와 크게 상관없이 고객들을 매우 불편하게 하고 있음을 깨달은 왕 사장은 해당 제도의 변화를 통해 고객의 서비스 품질 만족도를 높이기 위한 작업을 시작했다. 고객이 거래하기 편한 시스템을 만들기 위해 문제에 대한 끊임없는 질문을 통해 시뮬레이션을 거듭했고, 이러한 과정을 통해 고객만족도를 어느 정도 회복할수 있었다.

'서키트 시티'의 사장이며 카맥스의 사장이기도 한 리차드 샤프는 "자동차를 구매하는 것은 채소를 사는 것만큼 손쉽게 이루어져야 한다. 그래서점심시간에 끝낼 수 있을 정도여야 한다"고 말했다.

'고객을 위해 살고 고객을 위해 숨 쉬는' 탁월한 서비스 기업이란 시스템까지 문화로 승화시킨 회사인 것이다.

ETDBW 지수 향상시키기

1 **접근성** : 쉽게 그리고 원하는 때 회사와 연락할 수 있다.

2 **정확성** : 배송, 요금 청구, 현재 진행 상태 등 모든 정보가 정확하다.

3 **통합성** : 고객이 필요한 모든 정보를 한 군데서 얻을 수 있다.

4 **고객 중심** : 고객이 자신에게 전달되는 정보를 추가적인 노력을 기울이지 않아도 쉽게 이해하고 사용할 수 있다.

5 **신속성** : 고객이 매우 느린 컴퓨터가 부팅되기를 기다리거나 자신의 주문이 한도 끝도 없이 오래 걸려야 처리될 것 같은 느낌을 절대 갖지 않는다.

6 **투명성** : 고객의 시야에는 넘어야 할 산이 없어 모든 것이 분명히 보인다.

자료 : 'Knock Your Socks off Service'

04 고객에겐 당신이 회사다

나는 맥킨지에 입사한 첫날부터 바로 고객 서비스 팀에 투입됐고, 1981년 맥킨지를 그만두기 두 시간 전까지 프로젝트 팀에 소속돼 일을 했다. 일반 기업들의 문제는 일반적인 구매(재무, 인사 등) 부서의 직원은 자신들이 서비스를 제공하는 대상을 고객이라고 생각하지 않는다는 데 있다.

– 톰 피터스

"휴대폰이 고장 나서 수리를 맡기려고 하는데 위치 좀 알려주시겠어요?"

"어디로 전화하셨나요?"

"네? 거기 K전자 아닌가요?"

"K전자는 맞는데요, 그런 건 서비스 부서로 전화하셔야죠. 뚝."

민 대리는 휴대폰이 고장 나 K전자 서비스센터를 찾아가려고 전화했다. 회사 홈페이지에 있는 약도로는 도저히 찾아가기가 어려워 전화를 했지만 '해당 부서'에 문의하라는 답변만 돌아왔다. 문제는 처음 전화한 곳이 회사 홈페이지에 있는 서비스 부서 대표 전화번호라는 점이었다. 그렇지 않아도 바쁜 와중에 휴대폰이 고장 나 화가 나 있던 민 대리. 부글부글 끓는 속을 삭이며 'K전자 제품을 다시는 사지 않겠다' 는 다짐까지 했다.

가끔은 민 대리와 같은 경험을 해봤을 것이다. 부서 간에 서로 떠넘기는 바람에 '담당자를 찾아 삼만 리' 를 헤맨 경험도 있을 것이다. 이러한 경험을 한 고객은 어떤 생각을 하게 될까.

담당자 찾아 삼만 리?

고객에겐 당신이 회사다. 그 회사에 대한 첫인상은 홍보실 직원이든, 회계 부서 직원이든 처음 경험한 사람을 통해 결정되는 경우가 대부분이다. K전자에서는 전혀 문제를 느끼지 못하고 있는 경우에도 고객들은 말없는 '거래 중단' 으로 대응하는 것이다. 진정한 고객만족을 위해서는 고객이 불만을 느끼고 요구하기 전에 가능한 시뮬레이션을 통해 문제를 발견해 남보다 먼저 제공해야 한다.

'가장 고도화된 제조 기업의 운영은 서비스 기업과 같아야 한다' 는 명제는 앞으로 고객만족경영에 진리처럼 받아들여질 것이다. 기업이 서비스업이든 제조업이든 상관없이 조직의 서비스 기업화를 통해 경쟁력을 극대화할 수 있기 때문이다.

고객만족경영 활동이 실패하는 주요 원인은 이처럼 전사적 경영 체계로서의 CS에 대한 인식이 부족하기 때문이다. 특히 고객만족 부서에서만 독자적으로 혁신 활동을 추진하는 데 가장 큰 문제가 있다. 이는 전사적 차원에서 전략, 프로세스, 데이터, 조직 문화 등의 혁신이 동반되지 않는 것에서 비롯된다.

탁월한 서비스 기업으로

이러한 문제점을 해결하기 위해서는 첫째, 고객의 정의를 새롭게 해야 한다. 기존 고객뿐 아니라 신규 고객과 잠재 고객 등에 대한 세분화를 통해 다른 전략을 구사해야 한다.

둘째, 각종 고객만족지표에 대한 내부 관리 및 활동과 연계를 강화해야 한다. 고개만족도를 측정할 때는 각각의 고객만족 속성에 대한 점수의 합으로 구하는 경우가 많다. 하지만 이는 그 연계성을 제대로 반영하지 못한 것이다. 따라서 고객만족을 나타내는 지각된 품질, 고객의 기대 등과 같은 선행지수와 고객만족, 불평, 충성도 등 결과 변수 간의 인과관계를 파악할 수 있어야 한다. 셋째, 고객만족 부서만이 아니라 교육, 재무, 마케팅, 영업, 기획, IT 등 모든 부서가 전사적으로 고객만족을 추진해야 한다. 고객을 만나는 진실의 순간은 누구나 겪을 수 있기 때문이다.

고객만족경영 활동 실패의 주요 원인

- 전사 경영 체계로서의 CS 인식 부족
- 내부 연계와 통합을 고려하지 않는 접점 서비스 활동
- 직원의 고객 지향 마인드 확보를 위한 변화 관리 부족
- 수많은 고객 데이터에 대한 전략적 활용 미흡
- 조직 내 기능, 부서 간 의사소통 단절
- 단기적 관점에서 CS 추진
- 단순 CSI 및 모니터링에 따른 접점 평가

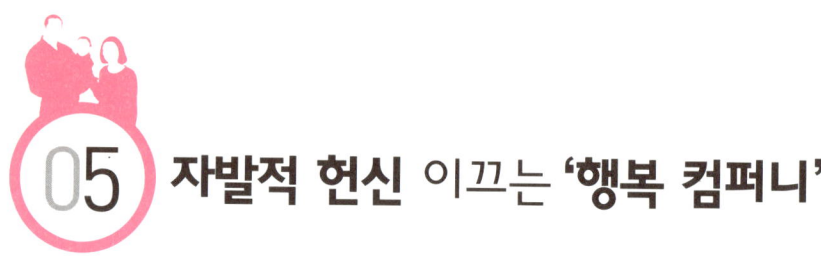

05 자발적 헌신 이끄는 '행복 컴퍼니'

비전이 없는 곳은 사람들이 떠난다.

—구약성경의 전도서

세계적인 서비스 회사 '얌'은 "우리의 열망 – 고객 마니아는 전 세계 고객이 기분 좋은 표정을 짓도록 하나가 되어 움직인다"는 의미 있는 목적을 정했다. 전 세계 100여 개 나라에서 3만 3000개 이상의 프랜차이즈 체인점을 거느리고 있는 세계 최고의 외식업체로 성장한 원동력이기도 하다.

이처럼 고객만족 기업 문화를 만들어내기 위해서는 비전 지향적인 목표 가치를 설정해야 한다. 기업 차원의 고객 가치 창출은 명확한 비전과 방향이 있어야 하며 모든 가치 창출이 지침에 따라 이뤄져야 한다. 명확한 비전이 있어야 그에 따라 목표를 설정할 수 있기 때문이다. 비전이란 매력적인 미래의 모습이다. 사람들을 고무시키고, 전력을 다해 비전의 현실화에 참여시킬 수 있어야 한다.

"훌륭한 경영인은 비전을 창조하고, 비전을 명확하게 하며, 비전을 열렬히 소유하고, 완성을 향해 냉혹하게 추진한다."

잭 웰치 전 GE 회장의 비전에 대한 신념이다. 비전은 직원들의 열정에 불을 지필 수 있어야 한다. 직원들의 가슴을 뛰게 하는 비전을 세우는 일은 곧 고객에게 행복을 주는 서비스로 이어지기 때문이다.

긍지를 선사하는 비전의 힘

관계는 상대를 존중하는 데서 시작되며, CEO가 종업원을 존중하는 데서 높은 고객만족 수준이 나온다. Fedex, 사우스웨스트 항공 등은 내부 고객 만족 정책을 통해 탁월한 고객만족 서비스를 제공하는 회사들이다.

CEO가 만드는 기업 문화는 실로 놀라운 위력을 발휘한다. 대표적으로 사우스웨스트 항공을 들 수 있다. 많은 사람들은 사우스웨스트 항공이 성 공할 수 있었던 것은 허브 켈러허 회장의 뛰어난 리더십 때문이라고 믿고 있다. 사우스웨스트 항공은 사람 간의 관계에 집중하고, 그 안에서 목표와 지식을 공유하고 상호 존중하는 데 전념했다.

이러한 토대에서 문제가 발생하면, 제 때 의사소통하고 문제를 해결함으 로써 인간관계의 조율이라는 강력한 힘을 형성할 수 있었다. 특히 허브 켈 러허 회장은 인간관계에 중점을 둔 문화를 만들어왔다. 그는 조직적으로 인간관계를 강화하도록 시스템을 구축해왔고, CEO 스스로가 이 관계의 중요성을 실천해왔다.

고객만족도를 조사할 때 크게 기업 내부 프로세스, 서비스 전달 프로세 스, 외부 고객 가치지표로 나눠 리서치가 진행된다. 이것을 CS 경영 선순 환 모델이라고 하는데, 우선 '종업원이 만족' 해야 고품질의 서비스로 이어지고, 이것이 고객만족도로 나타나 고객 유지와 기업의 이익 증가가 실현된다. 이 이익이 다시 성과와 보상을 통해 종업원 만족이 이뤄질 수 있기 때문이다.

어떤 사람들은 권한을 위임받은 헌신적인 직원 없이는 결코 좋은 서비스가 나올 수 없기에 고객은 직원 다음이라고 주장하기도 한다. 고객만족 기업 문화를 만드는 데 종업원 만족이 가장 중요한 요소임은 두말할 나위가 없다.

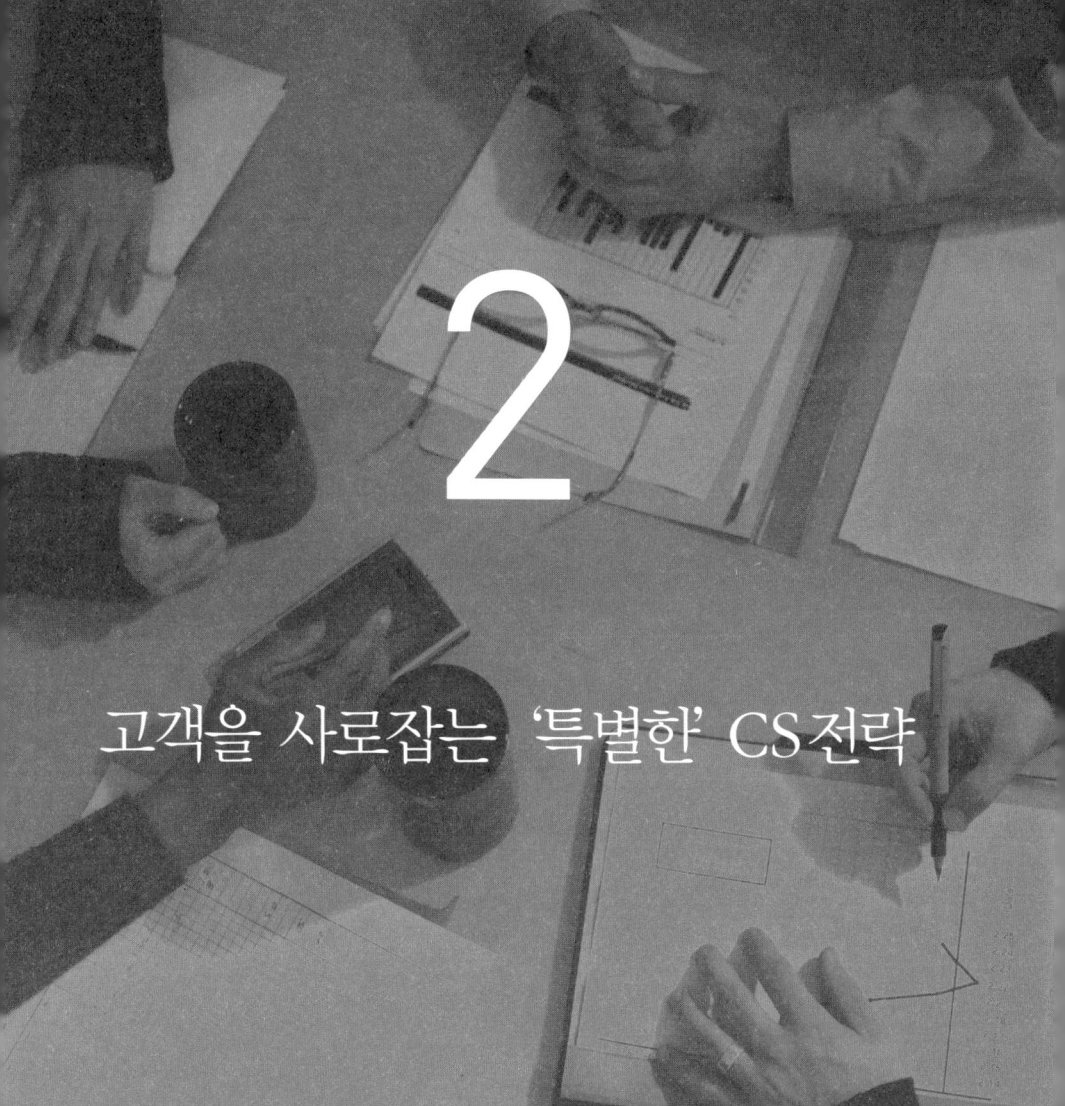

2

고객을 사로잡는 '특별한' CS전략

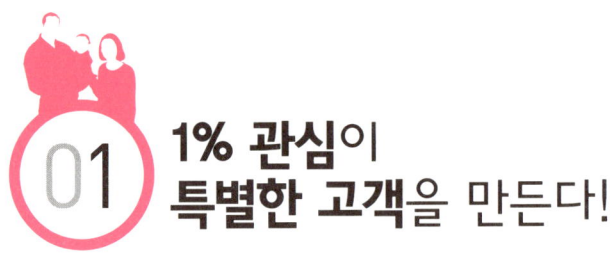

01 1% 관심이 특별한 고객을 만든다!

자신의 고객 모두가 가장 중요한 사람으로 대접받고 있는 것처럼 느끼게 만들어라.

– 버드 바게트 'Satisfaction guaranteed'

공익광고협회의 한 TV 광고 중 '세상을 아름답게 하는 시간'이라는 주제로 '신문을 대신 던져주는 시간 6초', '버스 벨 대신 눌러주기 4초' 등 세상을 아름답게 하는 시간이 1분이 채 되지 않는다는 내용이 있었다.

각박한 현대사회에서 그 작은 배려와 관심이 만들어가는 힘을 새삼 느끼게 된다. 세상 모든 이치가 그러하듯 고객과의 관계도 이 '작은 관심'에서 특별한 관계가 시작된다.

특별한 관계의 시작

전북 군산에 있는 J의원은 작은 서비스 하나로 환자들에게 좋은 이미지를 주고 있다. 이 병원의 비결은 진료비 거스름돈을 1000원권, 그것도 빳빳한 새 돈으로 준비해두는 정성을 보인다는 점이다. 지폐뿐 아니라 동전까지도

반짝반짝 윤이 나는 새것으로 준비한다.

진료비를 지불하고 새 돈으로 거스름돈을 받는 환자는 대우를 받는다는 느낌에 기분이 좋아지고, 특별한 고객 서비스가 있는 것은 아니지만 충분한 만족감을 느낀다는 것. 이러한 만족은 병원에 대한 전반적인 이미지가 좋아지고, 깨끗하고 친절한 병원이라는 이미지까지 주고 있다. 어찌 보면 아주 작은 서비스라고 할 수 있지만, 이런 부분들이 쌓여 충성도 높은 특별한 고객이 만들어지는 것이다.

고객의 욕구에 깊이 있게 접근한다

경청의 힘은 놀랍다. 경청하는 것만으로도 열광적인 고객으로 만들 수 있다. 경영자가 직원들의 얘기를 경청함으로써 모든 신뢰가 시작되듯, 고객과의 관계도 마찬가지다. 경청은 귀와 관련된 것이라기보다는 믿음, 존경, 관심, 그리고 정보 공유에 관한 것이라는 말도 있듯 경청은 가장 중요한 고객만족의 첫걸음이다.

고객의 얘기를 경청하다 보면 고객의 욕구를 깊이 있게 파악할 수 있다. 이 과정에서 조사성 질문을 통해 고객의 욕구를 좀 더 깊이 헤아릴 수 있다. 또한 고객이 미처 생각지도 못했던 서비스에 대해서도 언급할 수 있다.

일례로 휴대폰이 고장 나 수리를 맡겨야 하지만 업무 중 시간을 내기가 어려운 고객을 상담했다면, 다음과 같은 섬세한 응대를 통해 감동을 줄 수도 있을 것이다.

"주말이나 퇴근 후 이용하고 싶으시다면, OO지점의 경우 오후 10시까지 운영하고 있습니다."

"직접 방문이 힘드시면 택배를 통해서도 이용이 가능합니다."

또는 고객 입장에서 추가적인 혜택을 언급할 수도 있다.

"1년간 무상 수리를 해드리고 있으니, 혹 다른 문제가 생기면 해당기간 내에 이용하시는 게 더 좋을 거예요."

"최근에는 원하시는 고객께 신규 폰트를 무상으로 제공하고 있으니 이 서비스를 무료로 이용해보시는 것은 어떠세요?"

정성이 담긴 메시지 하나

요즘과 같은 디지털 시대에 손글씨가 담긴 편지는 더 큰 감동을 준다.

"이 옷은 겨울 신상품으로 들어올 때부터 손님이 입으시면 잘 어울리실 거라고 생각했어요. 말씀하신 부분을 수선해서 보내드려요. 고객님의 마음에 꼭~ 드셨으면 좋겠어요. 이 옷을 입고 일도 가정도 더 행복해지시기를 바랄게요. 다음에 M백화점에 오시면 저희 매장에 꼭 들러주세요. 따끈한 차라도 대접하고 싶습니다."

고객들은 판에 박힌 형식적인 편지를 싫어한다. '이용해주셔서 감사합니다'와 같은 내용이 찍힌 메시지는 스팸 메시지와 다름없다. 그 사람과의 추억이 담긴 메시지, 사적인 내용이 담긴 메시지, 당신이 소중하고 '특별한 고객'임을 의미하는 작은 문구를 통해 '특별한 고객'이 만들어질 수 있다.

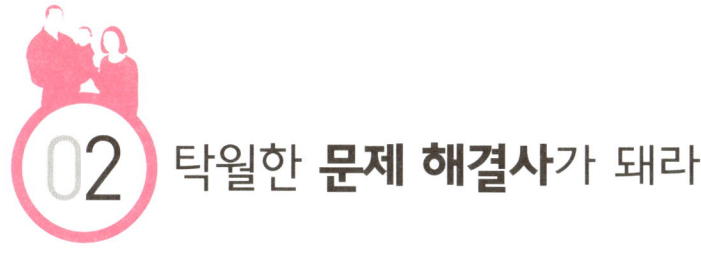

02 탁월한 **문제 해결사**가 돼라

여러분의 제품에 가장 불만족스러워하는 고객은 뭔가를 배울 수 있는 최고의 소스다.
— 빌 게이츠

까다로운 고객에게 귀를 기울이고 마음을 여는 것은 쉬운 일이 아니다. 사람의 심리는 듣기 좋은 말만 선택적으로 듣고 싶어한다. 하지만 회사 시스템 내에 '진실이 들리는 기회'를 풍부하게 조성하는 일만큼 중요한 일은 없다. 이 진실의 소리는 제품이나 서비스에 대한 불만족까지도 포함하고 있다.

짐 콜린스는 그의 저서 『좋은 기업을 넘어 위대한 기업으로(Good to Great)』에서 "좋은 회사를 위대한 회사로 도약시키는 데 필요한 일차적 과제는 사람들의 소리가 들리는 기회, 즉 진실이 들리는 기회가 매우 풍부한 문화를 조성하라는 것"이라고 밝히고 있다. 고객의 불만은 회사가 미처 모르는 약점을 발견하게도 하고, 새로운 아이디어를 제공하는 놀라운 기회가 되기도 하기 때문이다.

불만 고객을 팬으로 만들어라

국내 최대 사무용품 유통업체인 J사. 업계에서 선도적인 역할을 점하고 있었지만 경쟁사들이 우후죽순 설립되면서 경쟁이 심화되었다. 하지만 시간이 지날수록 J사는 여전히 더 높은 점유율로 업계 1위를 굳힐 수 있었다.

그 이유는 J사 홈페이지에서 찾아볼 수 있다.

고객들이 홈페이지에 남긴 사연에는 감동적이고 헌신적인 J사 직원들의 서비스 사례가 가득 담겨 있었다. 홈페이지에는 판매하지 않는 제품이지만 고객이 원하는 제품을 배송하기 위해 발이 부르트도록 뛰어다닌 사연, 사용하던 토너 카트리지에 문제가 생겼다고 하는 고객에게 바로 새것으로 교체해준 사연 등 감동을 받은 고객들이 올려놓은 수기들로 가득했다. 고객의 어떤 문제나 불편함을 적극적으로 해결하기 위해 노력하는 직원들의 정성이 담겨 있었던 것이다.

이는 회사 시스템이 고객 접점 직원들에게 권력이 이양돼 있어 담당직원이 판단해서 처리할 수 있도록 영역을 넓혀놓았기에 가능한 일이기도 하다. 물론 그 제품을 판매해서 얻는 이득이 인건비에도 못 미치는 경우도 많았다. 하지만 아무리 사소한 제품이라도 직원들이 세심하게 챙겨주고, 반품이나 환불 요청에도 기꺼이 응대하는 J사의 서비스 정책은 점점 더 큰 격차로 1위로 자리매김할 수 있는 든든한 힘이 됐다.

『최상을 찾아서』의 공동 저자인 봅 워터맨이 맥킨지 호주지사의 전무가 되었을 때 그가 가장 먼저 한 일은 과거에 프로젝트를 한 고객들에게 전화를 거는 일이었다. 그리고 몇몇 고객들로부터 프로젝트 수행이 깔끔하지 못했다는 이야기를 전해 들었다. 그는 그 이야기를 듣자마자 프로젝트를 다시 수행했다. 물론 돈은 받지 않았다. 그러한 그의 행동은 단기적으로는 손해인 것처럼 느껴지지만, 장기적으로는 불만 고객이 더 충성도 높은 고객이 되게 만들었다. 불만 고객은 그 순간의 대응에 따라 안티 팬이 될 수도, 열광하는 팬이 될 수도 있다는 점에서 기업 생존의 키를 쥐고 있다.

불만 고객 대하는 방법

1 진심으로 사과하라.

2 경청하고 감정을 이해하라.

3 신속하고 공정하게 해결하라.

4 보상을 제안하라.

5 약속을 반드시 지켜라.

6 사후 확인하라.

서비스 회복의 3가지 규칙

1 처음에 올바르게 하라.

2 잘 안 되면 해결하라.

3 명심하라, 세 번째 기회는 없다.

– 레너드 베리 박사 텍사스 A&M 대학 연구원

03 '남과 같은 좋은 서비스'를 경계하라

모든 것이 더 좋아지고 있지만, 그와 동시에 점점 더 똑같아진다.
- 골드버거 뉴욕타임스 문화부 수석기자

A사. "네~ 고객님, 무엇을 도와드릴까요?"

"좋은 하루 되십시오."

B사. "네~ 고객님, 무엇을 도와드릴까요?"

"좋은 하루 되십시오."

C사. "네~ 고객님, 무엇을 도와드릴까요?"

"좋은 하루 되십시오."

몇 년 전만 해도 특정 기업이 아닌 이상 제대로 된 서비스센터를 통해 고객을 응대하는 기업이 많지 않았다. 그러나 이제는 대부분의 기업들이 고객센터를 두고 훨씬 훌륭한 서비스를 제공하고 있는 것은 사실이다. 하지만 어떤 기업에 전화를 하든 가장 듣기 좋은 톤과 똑같은 인사말을 늘어놓는다면, 그러한 서비스에 감동을 받을 고객은 없다. 고객에게 차별화된 가치를 제공하지 못하기 때문이다.

배리 기븐스 전 버거킹 CEO는 "우리가 제대로 일을 했는데도 그것은 지극히 평범한 일에 지나지 않는다"고 얘기한다. '제대로 된 서비스'는 기본 중의 기본이기 때문이다.

지금과 같은 불확실성의 시대에는 기업이 지속적인 혁신을 통해 차별화된 품질과 서비스로 재무장할 수 있어야 한다.

최근 고객 가치가 중요해지면서 창조와 혁신을 강조한 '크리베이션 (Crevation)' 경영이 주목받고 있다. 크리베이션은 창조(Creation)와 혁신(Innovation)을 결합한 용어로 일본의 산요기기가 사내 혁신 운동 명칭으로 활용하면서 유행된 용어다. 크리베이션 경영은 고객 감동을 이끌어내는 수단으로서의 역할이 가능하다는 것이다.

창조적이면서도 우리 회사, 나만의 '블루오션 서비스'를 제공할 수 있어야만 고객은 가치를 느끼고 감동할 수 있기 때문이다. 하지만 이 블루오션 서비스라고 해도 서비스의 커다란 질적, 양적 변화를 의미하는 것은 아니다. 고객이 '가치 있다'고 느낄 수 있는 서비스야말로 감동을 줄 수 있다.

크리베이션(Crevation) 고객만족

패밀리 레스토랑 업계에서 아웃백 스테이크하우스의 성장세는 놀랍다. 최근 2~3년 만에 국내 1위를 탈환하며 가파른 성장을 거듭하고 있다. 그 비결은 무엇일까.

그 기업만의 독특한 인재 경영 노하우도 화제가 되고 있지만, 고객이 생각하는 가치는 다름 아닌 음식을 기다리는 시간에 무료로 제공하는 갓 구운 빵에 있었다. 원하는 고객에겐 식사 후에 별도로 포장해서 무료로 제공하기도 했다.

기존 패밀리 레스토랑에서는 기다리는 시간에 물 정도를 제공할 뿐이었다. 물론 기다리는 시간에 빵을 제공한다면 음식을 덜 시키게 돼 매출이 줄어든다는 우려 때문이기도 했다.

하지만 기다리는 시간을 행복하게 만들어준 차별화된 서비스는 고객들이 깊은 감동을 받을 수 있는 핵심 요소였다.

이러한 서비스가 '열광하는 고객'들을 만들어낼 수 있었던 것이다. 물론 이 '아웃백스테이크'식 서비스는 동종업계에 빠르게 전파돼 다른 패밀리 레스토랑에서도 제공하고 있지만, 한 번 쌓은 로열티는 쉽게 무너지지 않고 있다. 하지만 이 또한 크리베이션을 통한 지속적인 혁신이 뒷받침되지 않으면 '레드오션'에 빠지게 될 것이다.

Asia's NO.1 Knowledge Provider KMAC

02

2006
고객만족 활동수기

한전기공 여수지점 전기 팀
김 병 욱

2006년 8월 29일 오후 5시 55분, 하루 일과를 정리하고 퇴근 준비를 하려는데 '삐리릭' 휴대폰이 울렸다.

삼남석유화학 계전 팀의 이형민 과장이었다. K3 공기압축기의 동기전동기가 기동 중에 전력이 오르락내리락해 긴급 정지시켰다며 급히 도움을 요청해왔다.

삼남석유화학은 여수 산업단지에 있는 회사로 초산을 주요 품목으로 생산한다. 이곳은 공정에 필요한 산화공기를 만드는 압축기를 공장별로 각 1대씩 K1~K4까지 갖추고 있는데 이것들이 약 10,000kw 용량의 동기전동기로 구동된다.

여수지점은 2002년 5월 K1 공장 동기전동기의 기동기 접점이 손상돼 정비를 해주면서 인연을 맺어 지금까지 좋은 관계를 유지해오는 곳이라 내

일로 미루기는 어려웠다.

　이형민 과장의 말을 들으니 전동기 회전자 권선의 단락 접점에서 이상이 발생한 것으로 보였다. 나는 간단한 작업일 거라고 생각하고 전기팀장을 비롯한 변성호 대리 외 2명과 함께 작업에 필요한 수공구를 준비해 차로 약 5분 거리인 여수지점으로 출발했다.

　현장에 도착한 우리는 필요한 안전조치를 하고 작업을 시작했다. 전동기 점검구을 열자 안쪽의 뜨거운 열기가 확 밀려나왔지만 서둘러 그 뜨거운 열기를 뿜는 전동기 내부로 들어갔다. 우리는 공기압축기 및 전동기 회전자 휨 방시를 위해 5분 작업하고 회전시키기를 반복했다. 전동기 내부는 50℃를 오르내렸고 우리 몸에서는 비 오듯 땀이 흘러내렸다.

　작업은 예상외로 힘들있다. 작업 공간 또한 좁고 열악해 인원을 2개조로

편성해 교대로 작업을 진행하는 등 그렇게 우여곡절 끝에 작업을 끝내고 보니 어느새 날이 밝아 있었다. 밤을 꼬박 새워 작업을 한 것이다.

8월 30일 오후 2시쯤 시운전을 시작했다. 그런데 약 2시간이 지나자 작업 전과 같은 상황이 발생했다. 우리는 압축기를 정지시키고 다시 분해를 시작했다. 똑같은 작업을 반복하려니 더욱 힘이 들었다.

이전 작업 인원을 쉬게 하고 전기 팀 인원을 재편성해 접점 확인, 치수 확인, 조립상태 확인, 동작상태 확인 등 모든 작업을 다시 밤을 새워 끝마쳤다.

8월 31일 오전 10시, 모든 시험을 완벽히 끝내고 압축기를 기동했다. 우린 너나 할 것 없이 두 손 모아 빌었다. 제발 이상 없기를….

그러나 그것은 희망사항에 불과했다. 밤새워 고생하며 수행한 작업이 무용지물이었던 것. 기동 후 부하 운전을 시작하자 똑같은 상황이 다시 발생하는 게 아닌가.

'무엇이 잘못된 것일까? 조립을 잘못한 걸까? 부품이 마모됐나? 아니면 부품에 결함이 있는 것일까?

참으로 답답한 상황이었다. 우리 팀과 삼남 직원이 다시 모여 회의를 한 끝에 모든 부품을 제작사에서 정한 치수대로 가공해 조립하기로 하고 부품 가공 작업을 시작했다. 이젠 전기 팀에 교대할 인원도 없어 부품 가공 작업을 하는 동안 잠깐씩 눈을 붙이기로 했다.

저녁 무렵 부품 가공 작업이 완료됐고 우린 다시 작업을 시작했다. 이제 지칠 대로 지쳐 체력의 한계가 느껴졌지만 한전기공 정비인은 무엇이든 해결할 수 있다는 근성과 오기가 생겼다.

'한번 해보자!'

우린 다시 밤을 새워 조립하고, 확인하고, 시험한 뒤 9월 1일 오전 9시쯤 세 번째 공기압축기 기동을 시작했다. 그런데 이 무슨 변고인지 부하운전을 시작하자 다시 전력이 오르내렸다. 미칠 일이었다.

압축기를 정지시킨 뒤 다시 작업 회의를 했고, 올 7월 20일경 K3 공기압축기 전동기의 회전자 권선 단락 접점을 신제품으로 교체했다는 사실을 알게 됐다. 우린 접점 자체에 문제가 있다는 최종 결론을 내리고 기존에 사용했던 접점을 다시 부착하기로 했다.

1차 작업 전 회의 때 접점 문제일 수 있다는 의견을 냈으나 삼남 측이 제작사에서 직접 납품(외산)한 것이라 아무 문제가 없을 것이라고 단정지어 말하는 바람에 크게 관심을 두지 않았었다.

우린 바로 접점 교체 작업에 들어갔고, 오후 5시경 공기압축기를 기동해 부하운전을 시작했다. 그런데 기막히게도 초기 운전 후 부하운전을 해도 전력이 오르내리는 현상이 나타나지 않았다.

드디어 성공! 믿어지지 않았다. 제작사에서 납품했다는 이유만으로 아무 문제가 없을 것이라고 믿은 것이 잘못이었다.

4일 간의 험난했던 일을 끝낸 뒤 삼남 직원들과 서로의 기름 묻은 손을 부여잡고 고생했다며 인사를 하고는 지점으로 들어왔다. 벌써 퇴근시간이었다. 그러나 나는 또다시 돌발 사태가 일어날지도 몰라 퇴근시간을 뒤로한 채 사무실에서 대기하고 있었다. 그때 삼남에서 고맙다는 인사를 다시 하면서 집에 가서 편히 쉬라는 전화가 걸려왔다. 그제야 난 안도의 숨을 쉬며 사무실을 나섰다. 그런데 집으로 가는 중에 문자 메시지가 들어왔다. 또

다시 고맙다는 인사를 하고 있었다.

　돌이켜보니 4일 밤을 꼬박 새우며 작업을 한 것이었다. 힘들고 지쳐 왜 내가 이런 일을 해야 하나 하는 자괴감도 들었는데 '고맙다'는 말 한마디에 피로가 눈처럼 녹아내렸다.

　아마 그게 나 개인의 일이었다면 중간에 포기했을지도 모르겠다. 그러나 개인이 아닌 한전기공이라는 공동체를 생각하면서 작업에 임했기 때문에 어려움을 참고 열심히 일할 수 있었던 것 같다.

　직원들의 사기 진작을 위해 밤을 꼬박 새워가며 독려해주신 이형주 지점장님, 경험을 살려 작업을 도와주신 신재생에너지 팀 곽섭 소장님께 이 자리를 빌려 감사드린다. 그리고 전기 팀 장영우 팀장님, 삼남석유화학 작업에 참여한 우리 전기 팀 직원과 지점에 남아 우리 몫의 업무까지 도맡아 처리한 직원 모두에게 고마움을 전한다.

　여수지점 전기 팀 파이팅!

꿈의 설계

교보생명
이 경 아

"거기 교보생명 맞죠? 저희 아빠가 돌아가셔서 이젠 돈을 낼 수가 없어요. 할아버지도 다리를 다치셔서 누워 계세요. 제가 커서 꼭 갚아드릴게요. 그러니까 자꾸 편지 보내지 마세요. 주인아줌마가 자꾸 뭐라고 해요. 그리고 조금 있으면 우리 이사하니까 보내셔도 소용없어요. 뚝! 뚜뚜…."

내가 미처 뭐라고 대꾸할 겨를도 없이 전화가 뚝 끊겼다. 어눌한 말투에 변성기가 채 지나지 않은 어린 소년의 목소리였다.

'편지라면 미납입 안내장인가?'

혼자 이런저런 생각을 하다 발신된 번호로 전화를 거니 소년의 앳된 목소리가 들렸다.

"방금 통화한 교보생명 이경아입니다. 어른 안 계세요?"

"네. 저한테 얘기하세요."

"안내장에 쓰여 있는 내용 좀 읽어주시겠어요? 제가 확인해드리겠습니다."

상담은 이렇게 시작되었다.

소년은 이제 열네 살이었다. 서너 달 동안 밀린 각종 세금 고지서와 카드 대금 독촉장들이 올 때마다 주인아주머니가 전해주는 것이 귀찮다며 핀잔을 준다고 했다. 많은 고지서 속에 들어 있던 보험료 미납입 안내장을 카드 대금처럼 꼭 갚아야 하는 빚인 줄 안 모양이었다. 어머니에 대해 묻자 소년은 입을 다물어버렸다. 뭔가 사정이 있는 듯해 나는 더 이상 묻지 못했다.

"아버님 주민등록 번호를 알 수 있을까요? 꼭 필요합니다."

"찾아볼게요. 조금만 기다려주세요."

아버지는 돌아가셨고 할아버지도 편찮으시다니 가슴이 미어졌다. 어느

새 내 눈가에는 눈물이 맺혔다.

'어쩌나 아직 어린데…. 미납입 안내장을 받았다면 최근까지 보험이 유지되었을 텐데 혹시 사망보험금이 있지 않을까?'

한참을 기다리자 소년이 주민등록 번호를 불러줬다. 나는 급히 조회를 시도했다. 다행히 교통안전보험과 건강보험에 들어 있었고 지금은 실효 상태지만 사고 당시에는 유지되고 있었다. 그리고 몰라서 그랬는지 보험금은 신청하지 않은 상태였다.

"메모할 수 있어요? 지금부터 내 말 잘 듣고 하나도 빠뜨리지 말고 할아버지께 꼭 말씀드리세요."

나는 사망보험금을 받을 수 있는 절차와 서류, 그리고 어디로 방문해야 하는지 자세히 설명했고, 놀란 소년은 내 말을 열심히 적고 있는 듯했다.

그런데 안내가 거의 끝나 갈 무렵, 소년이 울음 섞인 목소리로 말했다.

"흑흑…. 누나, 지금 말한 거 거짓말 아니죠? 할아버지가 이제 세상엔 우리 둘뿐이라고, 믿을 사람은 우리 둘밖에 없다고 말씀하셨어요. 이거 혹시 나중에 다 갚아야 하는 건가요? 할아버지가 사기꾼이 많다고 하셨어요. 만약 그런 거라면 안 주셔도 돼요. 그렇게 큰돈은 갚을 수가 없잖아요. 정말로 우린 돈 없어요."

"아니에요. 아버지를 믿죠? 아버지께서 가족을 위해 준비해놓으신 거예요."

"누나, 정말이죠?"

"그럼요! 정말, 정말, 정말이에요!"

그동안 삭이고 있던 서러움, 그리움들이 작은 어깨를 짓누르고 있었는지 소년은 이내 소리 내어 울기 시작했다. 내가 할 수 있는 일은 소년이 맘껏 울도록 그냥 들어주는 것뿐이었다. 곁에 있다면 지금까지 힘들었을 하루하루를 감싸 안아주고 싶었다.

한참을 울고 난 소년은 할아버지께서 지금은 몸이 편찮아서 박스를 주우러 다니지만 예전에는 정말 힘이 세고 멋있었고, 자신이 끓여주는 라면이 세상에서 제일 맛있다고 하신다며 자랑도 늘어놓았다. 힘든 상황인데도 소년은 밝고 명랑했다.

"돈 받으면 할아버지 모시고 병원에 가야겠어요. 지난 겨울에 넘어지시는 바람에 더 아프세요. 할아버지하고 맛있는 것도 먹을 거예요. 꼭 꿈꾸는 것처럼 좋아요."

"그래요. 아버지께서 할아버지와 어린 고객님을 위해 꿈을 설계해놓으셨네요. 지금처럼 갑자기 힘든 상황이 닥쳐 아무에게도 도움 받을 수 없을 때 희망이 돼라고 대비를 해주셨네요. 힘내고 공부도 열심히 하세요. 그래야 돌아가신 아버지께서도 좋아하실 거예요. 제가 말씀드린 내용 잘 적어놓았죠? 꼭 믿고 그대로 하세요. 생각 안 나면 다시 전화하시고요."

"할아버지께 말씀드리고 다시 전화할게요. 누나, 고마워요."

소년은 밝은 목소리로 전화를 끊었다. 그러나 '누나, 꿈꾸는 것처럼 좋아요'라던 소년의 말은 오랫동안 기억에서 지워지지 않았다.

그로부터 일주일쯤 지나 혹시나 하는 마음에 확인을 해보니 다행히 서류가 접수되어 있었다. 나는 처리가 잘되어 할아버지와 소년이 앞으로 살아가는 데 조금이나마 희망의 빛이 되길 간절히 기도했다.

만약 안내장이 분실돼 전해지지 않았다면 어떻게 되었을까?

보험을 들게 한 FP도 감사했고, 미납입 안내장을 발행한 손길에 뽀뽀라도 해주고 싶었다. 소년에게 핀잔을 주긴 했지만 안내장을 전달해준 주인 아주머니도 고마웠다.

살면서 어려움에 처한 고객에게 힘이 되어주려고 우리 회사가 존재하고, 이런 도움을 드리기 위해 내가 이 자리에 있는 것 같아 내가 몸담고 있는 회사가 참으로 자랑스러웠다.

효성병원 CS 팀

피 영 실

"**따**르릉~."

"건강과 행복을 지켜드리는 효성병원 피영실입니다."

"흑흑…."

"여보세요?"

"흑흑…."

병원 고객만족 팀은 셀 수 없을 정도로 많은 전화가 걸려오는 곳이라 그 날도 일반 문의전화일 거라는 생각으로 전화를 받았다. 그런데 아무 말 없이 흐느끼는 소리만 들려오면서 뭔가 심상치 않은 기운이 느껴졌다.

"기다리겠습니다. 괜찮으니까 천천히 말씀하세요."

나는 사무실에 흐르는 음악 소리도 줄인 채 수화기를 들고 조용히 기다 렸다. 그렇게 한참이 지나자 겨우 울음을 참는 듯한 떨리는 목소리가 조심

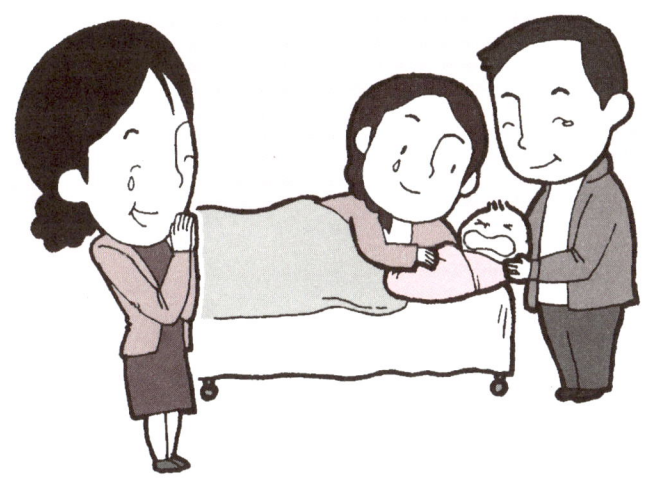

스레 들려왔다.

"선생님, 저 하늘이 엄마예요."

하늘이 엄마.

하늘이 엄마는 첫째 하늘이를 낳고 몇 번의 임신 시도 끝에 어렵게 둘째를 가진 뒤 지속적인 산전 검사를 위해 우리 병원 산부인과에서 진료를 받는 고객이었다. 내가 '하늘이 엄마' 라는 말만으로도 그분을 기억할 수 있었던 것은 처음 방문했을 때 내가 직접 병원 투어 서비스를 해드렸기 때문이다. 외래 진료실에서부터 분만실, 신생아실, 산과 병동, 산후관리센터까지 모든 시설을 돌아보는 동안 이런저런 이야기를 주고받았던 분이라 생생하게 기억할 수 있었다.

"우리 한별이가… 흑…."

또다시 울음이 북받치는지 하늘이 엄마는 말을 잇지 못했다. 난 직감적으로 아직 태어나지도 않은 한별이에게 좋은 않은 일이 일어났음을 알 수 있었다. 하지만 어떤 말도 섣불리 할 수 없기에 "괜찮아요?"라는 말만 하곤 기다렸다.

"우리 한별이가… 구순구개열이래요. 흑흑…."

하늘이 엄마는 한참을 그렇게 흐느껴 울었다.

내가 그 마음을 고스란히 안다는 것은 거짓이겠지만, 그 눈물의 의미는 충분히 알 수 있었기에 나 또한 수화기를 든 채 소리 없이 눈물을 흘렸다.

몇 번의 자연유산 끝에 임신한 한별이. 그렇듯 힘들게 가진 아이가 입술과 입천장이 갈라지는 구순구개열이라니 안타깝기만 했다.

구순구개열이라는 말에 주위 사람들은 "그거 요즘에는 수술하면 괜찮아." "모유수유 못하면 좀 어때"라며 너무나 쉽게 이야기를 하더라고 했다.

'구순구개열'이라는 낯선 단어, 태동을 통해 아기의 움직임이 느껴질 때마다 밀려오는 두려움. 그분은 이런 숨막히는 답답함과 슬픔에 말문이 막히고, 물 한 모금 넘기기 힘들 정도로 힘든 하루하루를 보내고 있었다.

그날따라 슬픔을 함께 나누기라도 하려는 듯 한별이의 태동이 어찌나 요란하던지 밀려드는 걱정과 출산에 대한 두려움에 사로잡혔고, 문득 분만실과 신생아실을 안내하던 내 모습이 떠올라 용기를 내서 전화를 걸었다고 했다.

그 후 나는 담당 의료진으로부터 태어날 아기 한별이의 건강 상태를 꼼꼼히 체크했고, 그분이 병원에 방문할 때마다 진료 후에 그윽한 차 한 잔을 대접하며 긍정적인 생각을 심어주기 위해 함께 시간을 보냈다.

나는 구순구개열에 관련된 정보와 각종 사례들을 정리해 지속적인 메일을 보냈다. 증상이 약하든 심하든 구순구개열은 '충분히 극복할 수 있는 질환'이라는 것을 인식시켜주고 싶었다.

담당 의사와 간호사도 그분의 안타까운 마음에 공감하며 더 큰 관심을 갖고 태아의 성장을 지켜봤고, 우리는 태아가 자라면서 생각보다 증상이 가벼울 수 있다는 희망을 발견했다.

2005년 10월 9일 새벽.

한별이 아빠로부터 분만 진통이 시작되었다는 문자 메시지를 받았다. 문자 알람 소리에 잠이 깬 나는 더 이상 잠을 이룰 수 없어 병원으로 달려갔다. 분만실 앞에는 아기 아빠가 가슴을 졸이며 서성이고 있었다. 오랜 시간 함께 아픔을 나누었던 내 마음도 긴장되기는 마찬가지였다.

그렇게 얼마의 시간이 흐르고 드디어 우렁찬 울음소리와 함께 건강한 아들이 태어났다. 탯줄을 자르는 아기 아빠, 아기를 품에 안은 산모, 그리고 분만실 스태프와 내 시선은 한 곳에 집중되었다. 바로 우렁차게 울음소리를 내뱉는 아기의 갈라진 입술이었다.

그분은 아기를 품에 안고 쉴 새 없이 눈물을 흘렸고, 이를 지켜보던 아기 아빠와 내 눈에도 눈물이 그렁그렁 맺혔다.

아기의 입술은 두 갈래로 갈라져 있었다. 하지만 다행히 구순열일 뿐 입 천장은 괜찮았다. 그렇게 기대 반, 두려움 반으로 기다렸던 한별이와의 첫

만남은 '가족'이라는 이름으로 모든 것을 품을 수 있는 위대한 순간을 만들었다. 한별이는 그저 귀엽고 작은 아기였으며, 그들 부모에게는 세상에서 가장 사랑스러운 아들일 뿐이었다.

걱정과 달리 그분은 곧 모유수유 전문 간호사의 도움으로 그토록 바라던 모유수유도 성공적으로 시도하게 됐다. 난 한별이에게 젖을 물리고 있는 그분의 모습에서 세상에서 가장 평온하고 행복한 모습을 발견했다.

출산 전 그분은 한별이가 구순구개열로 태어나면 산후조리원에 가지 않겠다고, 사람들이 아기의 모습을 이상한 시선으로 바라볼 거라며 집에서 몸조리를 하겠다고 입버릇처럼 말했다. 그러나 그분은 입술이 갈라진 아기를 안고 남편과 함께 너무도 행복한 얼굴로 산후조리원에 입실했고, 산후조리원에서도 국제 모유수유 전문가의 도움을 받으며 모유수유를 계속했다. 다른 아기들처럼 잘 먹고 지내다 건강한 모습으로 퇴원한 한별이는 내게 하늘에 계신 신을 생각하게 했다.

퇴원 후에도 난 지속적으로 해피콜을 하면서 한별이의 건강을 물었고, 전화를 걸 때마다 그분은 반갑게 인사하며 평생 살아가면서 은혜를 갚겠노라고 말씀했다.

작년 11월에는 우리 병원에서 개최한 제1회 효성낙엽제에 '감사의 마음은 희망을 낳고'라는 제목의 진한 감동을 주는 수필을 출품해 '장원'의 영예를 안았고, 그 글로 인해 병원 직원들은 물론 다른 임산부들에게도 큰 힘이 되어주었다.

지금도 나는 아기의 성장에 대한 정보 메일을 보내고 있고, 그분 역시 빠지지 않고 답장을 한다. 정기검진 시기나 아기 예방 접종 시기, 퇴원 후 정기적인 해피콜 시기가 되어 연락을 드리면 잊지 않고 "고맙습니다"라는 말로 마음을 표현한다. "한별이가 갈라진 작은 입술로 '응애' 하고 울어대는 모습도, 배냇짓을 할 때도 전 마냥 행복했어요. 그녀석이 이제는 집안 곳곳을 기어 다니며 사고뭉치가 되었다니까요. 그리고 걸음마를 하려는지 제법 다리에 힘을 주고 일어서려고 해요"라는 등의 한별이 이야기를 할 때면 목소리에서 행복이 가득 묻어나는 것을 느낄 수 있었다.

병원에서 만나는 누구 하나 특별하지 않은 사람 없고, 태어나는 아기 중 어느 한 아기도 특별하지 않은 아기가 없다. 때론 터무니없는 억지를 부리는 고객 때문에 진이 빠지기도 하고, 험한 말을 들으며 상처받기도 하며, 늘 웃어야 한다는 생각에 좌절을 느끼기도 한다. 하지만 내가 만나는 고객 모두가 '따뜻한 가슴을 가진 한 사람'이라는 생각을 되새기며 나를 다잡는다.

CSM(고객만족경영), CRM(고객관계경영), 거기에 CEM(고객경험경영)이라는 것까지 등장해 고객을 대하는 접점에 있는 직원들로 하여금 하나의 시스템적인 서비스를 제공하도록 유도하고 있다.

하지만 우리가 기억해야 할 것은 '따뜻한 가슴을 가진 한 사람에 대한 순수한 관심과 사랑'이 없다면 어떠한 체계화된 시스템과 조직적인 고객관리도 '만족'은 줄 수 있을지언정 '감동'을 줄 수는 없다는 사실이다.

얼마 후면 한별이의 돌이다. 한별이의 초음파 사진, 신생아실에서 찍은 사진, 사랑하는 아기를 기다리는 엄마의 애틋한 마음이 담긴 메일 등을 편집해 예쁜 동영상을 한 편 만들어 선물해야겠다.

벌써부터 내 마음이 설레는 것은 왜일까?

고객과 **직원** 사이

한화리조트 산정호수 프런트
박 희 철

부대업장에서 5년을 근무하다 프런트로 옮긴 지 한 달여가 됐다. 아직 내게 프런트는 식은땀이 줄줄 흐르는 곳이다.

지금부터 하려는 이야기는 주말, 특히 금요일 밤과 토요일 오후 '고객 집중 시간대'에 근무해본 직원이라면 한 번쯤 겪어보았을 일이다.

때는 바야흐로 꽃피고 새 우는 춘사월(?) 늦은 토요일 밤이었다. 흔히 토요일이면 예약을 해놓고 늦은 시간까지 도착하지 않는 고객이 있는데 그 날도 어김없이 밤 11시 반이 다 되어서야 부산스레 짐을 싸들고 엘리베이터에서 내리는 고객이 눈에 들어왔다.

"안녕하십니까? 어서 오십시오. 늦은 시간까지 운전하고 오시느라 피곤하시죠?"

이건 쉬러 오는 건지 운전하러 오는 건지 모르겠다며 슬쩍 농담으로 받아주시는 고객님. 이럴 때 보면 정말 안쓰럽게 여겨지기도 한다.

긴 운전의 피로를 감추고 일부러 웃는 고객은 늦게 와서 미안하다며 연신 사과를 했다. 미안할 게 없는 데 말이다. 사실 늦은 체크인으로 인한 불편은 고객이 감수해야 할 부분이기도 하다.

그런데 미안하다고 말씀하시는 고객 뒤쪽을 보니 당장이라도 자리 깔고 눕혀드려야 할 것 같은 노인이 지팡이를 짚고 힘겹게 서 계셨다.

아들로 보이는 내외와 노부모 그리고 손자까지 다섯 분. 난 어느새 머릿속으로 객실 배성을 시뮬레이션하고 있었다.

'음… 노인과 아이를 동반했으니 분명히 온돌 객실을 원하실 테고…. 하하, No problem, don't worry….'

난 속으로 자신 있게 외치고는 빨리 체크인을 해드리기 위해 키 박스를 훑어보았다.

"고객님, 오시느라 피곤하실 텐데 제가 빨리 처리해 편히 쉬게 해드리겠습니다."

그러나 잠시 후 나도 모르게 '흐음' 하고는 작은 신음을 내뱉고 말았다. 혹시나 고객이 들었을까 싶어 눈치를 살핀 뒤 다시 한 번 남은 객실을 체크했다. 큰일이었다. 온돌 객실이 하나도 남지 않은 상태였다. 그때 내 눈에 들어온 객실 하나!

"고객님, 죄송합니다만 온돌 객실은 모두 체크인이 되었고 남은 객실은 엘리베이터와 멀리 떨어진 1층과 3층의 커넥팅 룸(커넥팅 룸 : 2개의 객실 사이를 문으로 나누어 필요 시 개방해서 하나처럼 사용하는 신개념 울트라 뉴 어드벤처 스타일 객실)입니다. 제 생각에는 1층보다는 3층이 더 조용할 것 같은데 어떠십니까?"

나는 콧소리를 팡팡 튕겨가면서 최대한 조심스레 물었다. 고객은 어서 아버님을 쉬게 해드려야겠다는 급한 마음 때문인지 내 의견에 따랐고 난 3층 맨 끝 객실로 안내를 해드렸다.

그런데 체크인을 하고 20여 분이 흐른 뒤 프런트 전화기 액정에 328호 객실번호가 떴다. 조금 전 그분들이었다. 나는 최대한 친절한 목소리로 필요한 것이 있느냐고 물었다. 하지만 내 귀에 전해지는 음성은 퉁명스러웠고 투정이 섞여 있었다.

"엘리베이터랑 너무 멀어서 안 되겠어요. 몸이 불편하신 분이 계셔서요. 좀 더 가까운 다른 방은 없는 건가요?"

순간 내 의견대로 따라준 고객님께 미안한 마음이 들었다. 1층에 객실이 있지만 그곳 역시 엘리베이터와는 멀다는 내 말에 내심 아쉬워하는 느낌을 받았는데, 문제는 노인 고객이 앞을 못 본다는 점이었다. 엎친 데 덮친 격으로 재배정을 마친 1층의 커넥팅 룸 옆방에선 진한 삼겹살 냄새와 왁자지껄한 웃음소리….

'오, 주여! 어찌하여 저에게 이런 시련을 주시나이까! 이거 이러다가 정말 제대로 컴플레인 걸리겠구나.'

당시 내 심정을 정확히 표현할 수 있는 단어는 아마 이 지구상에 존재하지 않을 듯싶다. 그 시간에 남은 객실이 있을 리 만무했다. 한여름도 아닌데 등줄기로 식은땀이 비 오듯 흘렀다. 그렇게 실낱같은 희망을 쫓던 내 눈에 바로 대각선 옆의 빈 방이 보였다.

'앗? 내가 왜 이걸 못 봤지?'

그곳은 고객이 예정보다 일찍 퇴실한 객실로 굳이 보지 않아도 청소가 되어 있지 않을 게 뻔했다. 나는 팔을 걷어붙이고 직접 청소를 시작했다. 다행히 퇴실한 고객의 흔적이 그리 크지 않아 한 15분 만에 청소를 마칠 수 있었다. 나는 다시 고객을 찾아가 연신 사과의 뜻을 전했다. 그러자 미안한 마음에 어쩔 줄 몰라 하는 내게 고객도 미안했는지 "아버님이 몸이 불편하셔서 이전 객실에 먼저 이불을 깔아드리고 좀 쉬시게 했는데 어쩌죠?" 하고 가만히 말을 건넸다.

"아닙니다. 불편하게 또 옮기셔야 하는데, 그건 제가 정리하면 되니 걱정 마시고, 짐은 제가 옮겨드리겠습니다!"

4월의 차가운 밤공기가 무색하게 흘러내리는 등줄기의 땀은 내 마음을 알았을까? 나는 옷가지며 봉지 가득한 찬거리에 유모차 안에서 눈을 말똥말똥하니 뜨고 있는 아기까지 옮겨드린 뒤 이불까지 깔아드렸다.

나는 '이거 초년생 아닌 초년생, 오늘 신고식 제대로 치르는구나' 하는 생각을 하며 연신 죄송하다는 말씀을 드렸다.

일단 침실에 깔아놓은 이부자리에 노부모를 모신 뒤 가만히 문을 닫고 나온 고객은 다행히 나의 조치가 마음에 들었는지 "이불까지 깔아줘서 너무 고맙다"며 음료수를 한 잔 따라주었다.

'오호, 오늘 땀 좀 흘린 보람이 있구나!'

한 달여가 지난 지금, 이불 몇 채 깔아드린 내 마음과 음료수를 건네주던 고객님의 마음 사이에 만들어진 것은 과연 무엇이었을까를 생각해본다. 그때 아무 불평 없이 지내다 가신 고객님께 고마움과 죄송하다는 말씀을 다시 한 번 전해드리고 싶다.

한국가스안전공사
조 상 현

고객과 친구가 되자

가스안전공사에 입사한 게 엊그제 같은데 벌써 어떤 유혹에도 흔들리지 않는다는 불혹의 나이가 되었다. 내가 처음 공사에 입사해 고객을 대할 때 그들은 혹시 안전검사에 불합격되는 불이익을 받지나 않을까 하는 우려 때문인지 항상 내 앞에서 가식적인 웃음을 짓고 나이 어린 내가 부담스러울 만큼 나를 예우했다.

신입사원 때는 누구나 선배들의 눈치를 보며 그들의 행동을 따라 하게 되는데, 당시 내 주위 선배들은 우리의 고객인 시공업체 직원들을 공무원 냄새 풀풀 나는 고압적인 자세로 대했다.

처음에 직원들의 그런 태도가 이해되지 않았다. 그런데 시간이 어느 정도 흐르자 내 모습도 그들과 똑같아지고 있었다. 그런 어느 날 시공감리 현장에 나가 검사를 하고 있는데 직업을 하던 인부 한 분이 내가 그곳에 있다

는 걸 모른 채 이런 말을 했다.

"감리 녀석 어디 갔어? 하는 일도 없이 목에 힘이나 주고. 빨리 작업 진
행해야 하는데 원 짜증나서."

순간 나는 너무도 겸연쩍어 슬며시 그 자리를 피해 가만히 내 자신을 돌
아보았다.

'과연 나는 그들에게 반드시 필요한 존재일까? 난 과연 저들에게 어떤
도움을 주고 있는 것일까?'

생각해보니 나 역시 선배들이 그랬던 것처럼 검사자라는 주어진 권한을
남용해 그들을 고객으로 보지 않고 권위를 내세우고 있었고, 그런 내 자신
이 너무도 부끄러웠다.

그 후 나는 고객인 시공사 직원 및 작업하는 사람들이 불편하지 않도록

검사 업무뿐만 아니라 기술적인 컨설팅, 주민들의 민원 해결 등 모든 일에서 최대한 그들을 위해 노력하기 시작했다.

2004년 12월. 그해는 유난히 한파가 몰아쳐 현장 검사 업무를 나가면 추위로 손발이 꽁꽁 얼어붙을 지경이었다. 당시 나는 휴일 시공감리를 수행하기 위해 파주 교하지구 아파트 현장으로 나갔다. 시공사는 준공 때문에 12월의 한파가 몰아치고 있는데도 작업을 계속해야 했다. 그날 현장의 인부들은 굴삭기로 열심히 언 땅을 파고 있었다. 처음 가는 현장이라 시공 관리자 및 작업자 모두 내겐 초면이었다. 나는 낯섦을 뒤로하고 추운 날 고생하는 그들에게 내가 먼저 웃는 얼굴로 인사를 건넸다.

날씨 탓인지 작업은 상당히 더뎠다. 나는 시공 관리자에게 기온 때문에 폴리에틸렌 관이 잘 융착되지 않을 수 있으니 비드 확인을 철저히 하라고 이야기한 뒤 시공감리 업무를 진행했다. 그때 융착이 완료된 가스 배관을 어깨에 메고 옮기던 작업자 중 한 사람이 하중을 이기지 못하고 넘어졌다. 나는 지체 없이 그곳으로 달려가 가스 배관을 함께 어깨에 메고 작업을 돕기 시작했다. 그러자 옆에 멍하니 서 있던 시공 관리자도 내 옆으로 뛰어와 작업을 도왔고, 한동안 우린 그렇게 아무 말 없이 작업을 진행했다.

겨울 해는 짧았다. 어느새 날이 저물었고, 더 이상 작업을 진행할 수 없어 모두들 마무리에 들어갔다. 나는 작업 도면을 정리하고 시공 관리자와 작업 물량을 체크한 뒤 집으로 가기 위해 차에 올랐다. 그때 시공 관리자가 다가와 저녁이나 먹자고 말했다. 나는 그가 기분 나쁘지 않도록 정중히 사양하며 그 자리를 떴다.

그런데 며칠 뒤 그 현장 시공 관리자가 전화를 걸어 "인간적으로 당신과 사귀고 싶어 전화했다. 지금 당신 집 근처에 왔으니 잠깐만 나와 달라"고 말했다. 나는 그가 왜 내게 그런 전화를 하는지 의심이 들었다. 하지만 간곡한 그의 말을 차마 거절할 수가 없어 그를 만났고, 의심했던 내 생각은 보기 좋게 무너졌다.

"저도 가스 밥 먹은 지 15년이 다 돼갑니다. 그동안 수없이 많은 사람을 만났지만, 안전공사 직원 중 당신같이 인간미를 보여준 이가 없었습니다. 현장에서 작업자가 어려울 때 직접 나서서 배관을 옮기고 삽질까지 하던 당신이 너무나 좋아 꼭 다시 만나 이야기를 나누고 싶었습니다."

내가 생각할 때는 대수롭지 않은 행동이었는데 그에겐 그렇지 않은 듯했다. 그 일을 계기로 우리는 절친한 친구가 되었고 서로의 가족사는 물론 부부간의 어려운 문제까지 이야기하며 서로에게 조언을 해주고 있다. 물론 일할 때는 철저히 시공자와 검사자 관계를 벗어나지 않았다. 만약 이해관계가 얽히면 친구 관계가 깨질 수밖에 없음을 그도 나도 너무나 잘 알고 있었기 때문이다.

요즘 공사의 가장 큰 관심사는 고객만족도와 청렴도 향상이다. 경영평가에서도 이 두 가지 사항을 지표로 관리하며 꾸준히 노력하고 있다. 그러나 경영자의 의도가 무엇이든 실제로 고객을 만나는 우리 검사원들이 변하지 않으면 아무리 혁신적이고 좋은 계획도 수포로 돌아가고 만다.

고객은 꼭 마누라 같다. 잘하면 잘할수록 더 큰 것을 원하고, 매일 잘하다 실수라도 한 번 하거나 조금만 소홀해도 삐쳐서 등을 돌리기 일쑤다. 그런 만큼 부단한 노력을 해도 크게 표가 나지 않아 답답할 때가 많은 것도 사실이다. 하지만 우리는 지금까지 그들을 고객으로만 인식했지 우리에게 진정으로 도움을 줄 수 있는 친구로는 생각하지 않았다. 고객은 형식적인 문자 메시지나 해피콜, 가식적인 미소를 원하는 게 아니다. 앞서 얘기한 사례처럼 친구를 대하듯, 가족을 대하듯 마음에서 우러나는 노력을 할 때 작은 일도 그들을 감동시킬 수 있는 것이다.

우리가 가족이나 친구를 대할 때는 어떤가. 사랑이 충만한 부드러운 미소를 짓고 헌신적인 노력을 하지 않는가. 고객에게 그 정도까지 할 수는 없더라도 그들을 진정으로 친구처럼 대하며 조금만 관심을 보인다면 우리가 하나를 주었을 때 그들은 분명 열 이상으로 보답할 것이다. 우리 공사 직원 개개인의 그런 마음이 모인다면, 고객만족도를 높이겠다며 아침마다 직원들을 모아놓고 인사를 시키고, 줄자로 재듯이 해피콜로 우리를 시험에 들게 하진 않을 것이다. 진정으로 고객을 친구로 생각하는 마음, 그 마음이 모일 때 우리 공사는 고객에게 진정으로 필요한 곳이 될 것이다.

KT 대구AS센터
정 유 정

토요일 오후에는 평일보다 더 많이 힘이 든다. AS센터에 근무하는 분들은 아실 테지만, 오후 2시부터는 SO근무를 하지 않는 관계로 SO 클레임도 AS 쪽으로 들어온다. 그날도 다름 아닌 클레임이었다.

"띠띠띠!"

"무엇을 도와드릴까요?"

"○○○지사 FM인데요. 미안하지만 011-○○○-○○○○번으로 연락 좀 해주세요. 고장인 거 같은데, 고객님과 통화해서 고장이면 접수 좀 부탁드릴게요."

나는 '단순한 고장이겠지' 라고 생각하고 흔쾌히 수락했다.

"안녕하십니까? KT 고객센터…"

그런데 예상과 달리 인사가 끝나기도 전에 고객이 흥분한 목소리로 욕을 하면서 "내가 조금 전에도 어떤 아가씨랑 통화했는데, 도대체 KT 이딴 식으로밖에 일 처리를 못하냐"며 화부터 내시는 것이었다.

고객의 사정을 전혀 모르는 나로서는 당황할 수밖에 없었다. 단지 FM의 고장이면 접수해달라는 말만 듣고 전화를 한 것뿐인데 왜 소리부터 지르는지 당황스럽기도 하고 억울하기도 했다.

하지만 고객이 소리를 지른다고 전화를 끊을 수는 없는 일이었다. 일단은 고객의 말을 들어보고 불만이 무엇인지 확인하기 위해 내가 말하기보다는 고객의 말을 들어보기로 했다.

그분은 거의 30분을 화도 내고, 차마 입에 담을 수 없는 욕도 퍼부었다. 내용인즉, 그분이 대구와 하양 두 곳에서 전화를 사용했는데 하양에만 맞춤형 정액제 서비스를 사용하고 대구는 일반 요금제로 사용했다고 한다. 그런데 하양의 전화가 필요 없어 해지를 하려다 맞춤형 정액제 서비스 때문에 해지를 하지 않고 이전비까지 들여 대구로 이전하고 대구 번호를 해지한다고 신청했는데 맞춤형 정액제는 물론 전화와 인터넷도 사용이 안 된다며 노발대발했다.

그분이 너무 흥분해서 어떻게 말을 해야 할지 겁부터 났지만 누군가는 해야 할 일이라 조심스럽게 말을 걸었다. 먼저 "고객님께 불편을 드려 정말 죄송합니다"라고 사과부터 하고 전화와 인터넷을 사용할 수 있도록 조치를 해드리겠다고 말했다. 하지만 그분의 불만은 고장이 아니라 맞춤형 정액제 신청이 누락된 부분이었다. 참으로 난감했다. 맞춤형 정액제 문제는 전산으로 처리해야 하는 부분이기 때문에 AS센터에서는 해결할 수 없다는 말을 어떻게 해야 할지 막막했다.

나는 일단 "고객님, 저는 대구AS센터에 근무하는 정유정이라고 합니다. 맞춤형 정액제와 관련해서는 담당 부서가 아니라서 바로 도움을 드리기는 어려우니 월요일에 제가 책임지고 담당 부서와 통화한 뒤 연락을 드리겠습니다. 그리고 전화와 인터넷 사용이 안 되는 부분은 바로 확인해서 연락을 드리겠습니다"라고 말씀드렸다. 그제야 그분은 흥분을 가라앉히면서 "아가씨 이름이 정유정이라고? 내가 속는 셈치고 믿어볼 테니 확인해서 연락줘" 하며 전화를 끊었다.

고객님과 통화 후 확인해보니 하양 전화번호가 번호 변경을 거친 뒤 이전된 것이 분명했다. 그런데 일반 전화는 정상적으로 이전되었지만 맞춤형 정액제도 누락되고 인터넷도 실제 사용하지 않는 걸번으로 되어 있었다.

우선 전화 고장 접수를 하고 FM으로 연락해 사정을 설명하니 전화 점검은 가능하지만 인터넷은 전산 DB 수정이 안 되기 때문에 점검이 힘들 거라고 말했다. 그 말을 듣는 순간 고객의 화난 음성이 귓가를 맴돌았다.

'어떻게 해야 하지?' 눈앞이 캄캄했다. 당장 내가 할 수 있는 부분은 전화 사용밖에 없었기 때문에 전후 사정을 솔직히 설명하고 다시 한 번 양해를 구한다는 심정으로 전화를 걸었다. 그런데 전후 사정을 설명하니 그분은 의외로 "유정 씨만 믿을게. 월요일에 처리하고 전화 줘"라며 별말 없이 전화를 끊었다. 다시 한 번 큰 고비를 넘긴 것 같았다.

그렇게 주말을 보내고 월요일 날 출근하자마자 이전신청을 받은 담당자와 통화해 맞춤형 정액제 누락된 부분과 인터넷 접속 번호를 변경할 수 있도록 조치했다. 오후쯤 되자 모든 것이 정상적으로 처리되었다. 혹시 몰라 먼저 엔서스로 이상이 없다는 것을 확인한 뒤 그분께 다시 연락을 드렸다.

"안녕하세요? 토요일 날 통화했던 대구AS센터 상담원 정유정입니다."

"아~ 유정 씨, 안 그래도 전화하려고 했는데 마침 전화가 왔네. 지금 전화와 인터넷 사용이 잘되고 있어. 그날은 화를 내서 정말 미안했어."

"아닙니다. 고객님. 제가 고객님 입장이라도 충분히 그랬을 겁니다."

"그렇게 말하니깐 더 미안하네. 근데 맞춤형 정액제는?"

그분은 말끝을 잇지 못했다. 아무래도 맞춤형 정액제 사용 때문에 나에게 전화를 하려고 한 것 같다는 느낌이 들었다.

"네, 고객님. 맞춤형 정액제도 정상적으로 신청되었습니다. 번거롭게 해드려 죄송합니다."

그제야 그분은 밝은 목소리로 "아니야, 유정 씨. 이 일 때문에 KT에 불신도 생기고 해지까지 생각했는데 유정 씨가 남의 일도 내 일처럼 생각하고 신경을 써줘서 아직은 KT가 쓸 만하구나 생각했어. 고마워"라고 말했다.

"아닙니다, 고객님. 불편한 사항 있으시면 언제든지 연락 주십시오."

"정말 고마워. 유정 씨, 수고해~."

그렇게 그분과의 통화는 끝났다.

그때의 기분은 겪어본 사람만이 알 것이다. 하늘을 나는 그 기분, 고객에게 도움이 되었다는 뿌듯함과 한 고비를 무사히 넘겼다는 안도감…. 대부분의 클레임 건은 하소연을 하는 경우가 많아 말씀만 충분히 들어주어도 해결에 도움이 된다는 것을 새삼 느꼈다. 그리고 고객의 불편한 점을 잘 찾아 문제 해결을 위해 노력하는 자세를 보여주는 것, 또 말 한마디 한마디에 마음을 담아 믿음과 신뢰를 전하면 안 되는 일이 없을 듯했다. 경청과 믿음으로 고객에게 한 걸음 더 다가갔다는 뿌듯함에 퇴근길 발걸음이 한결 가벼웠다.

고객만족
활동수기

고객 응대는 마음과 믿음으로

한전기공 일산사업소 전기 팀
노 일 균

몸이 아프면 우리는 병원을 찾아가 의사에게 자신의 몸 상태를 자세히 이야기하며 정확한 진단과 처치를 받고 싶어한다. 그런데 어떤 의사는 몇 마디 질문만 하고 무언가에 쫓기듯 짧게 면담을 끝내고, 어떤 의사는 환자의 모든 이야기를 친절하게 들으면서 충분한 시간을 갖고 자세하게 설명해 준다. 이 경우 아마도 열이면 열 모두 후자를 선택할 것이다.

전력산업의 한 축을 맡고 있는 우리 한전기공의 주 고객은 당연히 각 발전사들이며, 현장에서 발전 설비를 정비하는 우리의 일차 고객은 발전처 감독 부서 및 발전 부서 직원들이다. 그들은 우리가 항상 접촉하고 함께 생활하는 사람들이기 때문에 서로 믿음과 신뢰로 어우러져야 한다.

하지만 그것은 말처럼 쉽지 않다. 설비를 운영하고 운전하는 입장과 정

비를 맡고 있는 우리의 입장이 서로 상충되는 구조적인 관계 때문이다. 그들은 설비 및 기기의 문제점을 빠른 시간에 완벽하게 조치해주기를 원하고, 우리는 여러 가지 이유로 인해 그들의 요구를 만족시키기가 쉽지 않은 게 현실이다.

1993년, 나는 입사 7년 만에 처음으로 일산사업소에서 정비 업무를 시작했다. 당시는 초기 단계라 설비 상태가 많이 불안정했으며, 특히 MOV와 Control Valve Limit Switch 관련 사항이 많은 문제점을 안고 있었다. 관련 설비들의 문제가 자주 발생해 재작업 상황이 반복되자 모든 관계자들의 관심이 집중됐고, 모두가 문제점 해결을 위해 노력했다. 나 또한 원인과 해결책을 찾고자 집중적으로 연구한 것은 물론이다.

그렇게 얼마의 시간이 흐른 뒤 여러 사람의 아이디어를 바탕으로 내 나름의 해결 방법을 찾았다. 운전원마다 설비에 대해 요구하는 수준과 조건들이 다르고 까다로웠다. 나는 많은 시험을 거친 뒤 운전 요건과 설비의 특성에 맞는 내용들을 관련자들에게 설명하기 시작했다. 처음에는 수긍하지 않는 사람도 있었다. 하지만 나는 기죽지 않고 계속 설명하고 설득하며 담당자들을 이해시켰다. 물론 그 과정에는 상대방이 이해할 때까지 같은 내용을 여러 차례 반복해야 하는 어려움이 따랐다. 하지만 나는 인내심을 갖고 충분히 설명한 뒤 조치에 대한 강한 자신감을 내비쳤다.

나는 운전원들에게 작업 과정과 결과를 세세히 알려주고, 궁금해하는 부분이 있으면 충실한 답변을 하기 위해 최선을 다했다. 그렇게 몇 년이 흐르자 자연스럽게 MOV와 Control Valve Limit Switch 관련 사항은 거의 내 전담이 되었다.

나는 운전원들과 신뢰를 쌓는 데도 노력을 아끼지 않았다. 그러자 많은 사람이 내가 작업한 내용과 결과에 믿음을 보여주었고, 어느새 우린 서로 스스럼없는 관계가 되었다.

기계, 제어, 전기 관련 설비에 이상이 발생하면 우리 전기 팀은 앞장서서 점검하고 원인을 파악하는 등 문제의식을 갖고 고객에게 다가서기 위해 최선을 다하고 있다. 때로는 서로의 이해와 노력 부족으로 접점을 찾지 못하는 경우도 있지만, 충분한 대화를 나누고 상대를 배려하는 작은 마음만 있다면 우리는 여유로운 동반자가 될 수 있을 것이다.

고객만족은 큰 무언가가 아니라고 생각한다. 서로를 아끼고 서로가 내 고객이라는 마음으로 생활하는 것, 그 마음만 있다면 더 큰 감동으로 이어진다는 것을 나는 믿는다.

고객만족
활동수기

잘 지내고 계시죠!

현대캐피탈 CS 운영 팀
김 영 경

창문으로 들어오는 햇살이 몸과 마음을 노곤하게 만드는 어느 토요일이었다. 상담원의 다급한 요청이 들어왔다.

"이럴 순 없어요. 정말 회사 그만둬야겠어요. 죽고 싶어요. 욕만 해요, 욕만. 어떻게 그런 욕을 할 수 있는지 알 수가 없어요. 사업자등록증을 팩스로 보냈다기에 수신된 게 없다고 했더니 당장 찾아내래요. 관리자를 연결해드리겠다고 해도 당장 해결하라고 난리예요."

'도대체 누가 우리 상담원 마음을 아프게 하는 거야.'

나는 당장 그 자리로 가서 전화를 받았다. 그런데 무슨 말을 할 새도 없이 다짜고짜 욕설이 튀어나왔다.

"넌 뭐야? ○○년. 누가 전화 바꾸라고 했어? ○○들 내 정보를 가지고 뭐하고 있는 거야? 팩스 찾아내. 내 사업자등록증 찾아내~. 당장 찾아내

라고~. 너희들 그거 어떻게 한 거야?"

왜 이렇게 화가 났는지 원인을 찾지 못할 정도로 고객의 언어 폭력은 5분이 넘게 계속됐다. 그러다 드디어 한 템포 쉬는 순간이 왔다. 나는 얼른 말을 이었다.

"고객님, 저희가 너무 많이 잘못했나 봅니다. 이렇게 화가 많이 나실 정도로 해결해드리지 못해서 너무 죄송합니다. 이렇게 화를 내시면 건강에도 나쁘니 일단 숨 좀 가다듬으시고 제게 말씀하시면 해결해드리겠습니다. 크게 숨 한번 고르시고 천천히 말씀해주십시오."

그러나 웬걸. 그분은 내 말을 귓등으로도 듣지 않는 듯했다.

"너 같으면 숨 쉴 수 있겠냐? 아기가 아픈데 병원에도 데려가지 못하고 팩스를 보냈는데, 내 사업자등록증 가지고 누구한테 카드를 만들어줬어?"

말씀하시는 내용을 정리해보니 카드 신청을 했는데 첨부 서류 미비로 탈락됐으며, 그 후 사업자등록증을 다섯 번이나 팩스로 보냈는데 당사 팩스 서버에는 확인되지 않았던 것이다.

'도대체 다섯 번이나 발송했다는 서류가 어디로 간 것일까?' 싶어 확인해보니 3015-○○○○이라는 잘못된 번호로 계속 팩스를 넣은 게 아닌가.

하지만 더 이상 팩스 전송을 의뢰하기는 어려운 상태였다. 그래서 난 '직접 받으러 가자'고 결론을 내렸다. 어차피 퇴근시간도 되어 가고 다행히 그분 계신 곳이 우리 집과 가까웠다.

"고객님, 제가 방문하겠습니다. 토요일이라 1시면 퇴근이 가능해 2시쯤이면 도착할 수 있는데 괜찮으실까요?"

"그래 와. 각오하고 와. 가만두나 봐라. 와서 얘기해."

"네. 출발하면서 다시 연락드리겠습니다."

그렇게 전화를 끊고 나자 공연한 짓을 한 건 아닌지 후회스럽기도 했다. '내가 갔을 때도 욕을 하면 어떡하지? 물이라도 끼얹으시면 어쩌나…'. 퇴근 후 그곳까지 가는 내내 온갖 생각이 들면서 가슴이 두근거렸다.

고객의 매장은 망원동의 ○○베이커리. 양보다는 질로 승부하는 요즘 시대에는 장사가 그리 잘될 것 같지 않아 보였다.

"현대카드 김영경입니다."

나는 숨을 고르며 인사를 건넸다.

"너 잘 왔다. 우선 앉아. 뭐 먹을래? 빵 먹을래? 우유 한잔 주랴?"

고객은 전화로 그렇듯 심한 욕을 하시던 분이 맞을까 싶을 정도로 인상이 넉넉해 보이는 아저씨였다.

"아니오, 괜찮습니다. 불편하게 해드려서 정말 죄송합니다. 서류 주시면 제가 바로 접수하고 카드 발급 여부를 확인한 뒤 연락드리겠습니다."

"내가 카드 발급받고 싶어서가 아니야. 서류를 몇 번이나 보냈으면 서류 담당자가 알아서 챙겨야 하는 거 아닌가? 나같이 나이 많은 사람은 ARS 연결하기도 어려운데 팩스 보내고 전화하고, 너무 번거롭고 화가 났어. 또 손녀딸이 아파서 병원에 가야 하는데 서류 보내라는 전화가 와서 그거 보내느라고 병원도 못 갔단 말이야. 그러니 화가 안 나게 생겼나?"

"네, 죄송합니다. 좋으신 말씀 꼭 새겨 듣고 다른 고객께는 이런 불편함을 드리지 않도록 하겠습니다."

"그러든가 말든가. 카드 안 만들면 돼."

그분은 혼잣말처럼 중얼거리셨다. 그런데 죄송하다는 사과를 드리며 서류를 달라고 하는 순간 빵집과 연결된 방에서 여자아이 하나가 걸어 나오며 '할아버지, 머리 아파' 하는 것이었다.

평소 아이를 좋아하던 나는 "이름이 뭐야? 미정이? 많이 아파?" 하고 물은 뒤 고객을 보며 말을 이었다.

"고객님, 제가 아기를 데리고 병원에 갔다 올게요. 가게 봐줄 사람도 없고 또 저희한테 서류 보내시느라 시간 다 허비하셨으니 제가 다녀올게요. 제가 이 동네에 살기 때문에 병원이 어디 있는지 알아요."

"됐어. 니가 왜? 무슨 일로. 쓸데없는 짓 하고 있네."

"제가 하고 싶어서요. 제가 아기를 워낙 좋아하는데 아프다고 하니깐 너무 맘이 안 좋아서요. 아침에 벌써 다녀오셨을 텐데 서류 보내시느라 못 가셨잖아요. 제가 다녀올게요."

내 말에 그분은 계속 뭐라 혼잣말을 하셨지만 난 못 들은 척 아이를 데리고 병원으로 가 진료를 받은 뒤 아이 손에 과자 몇 개를 들려서는 다시 가게로 돌아갔다.

"고객님, 감기인 것 같대요. 열이 있어 주사 맞혔고, 내일쯤이면 괜찮아진대요. 약은 밥을 먹인 뒤에 먹여야 하고요. 그리고 만약 월요일에도 많이 아프면 꼭 병원에 다시 와야 한대요. 의료보험증이 없어서 할인 못 받았으니깐 아이 부모님이 오시면 일주일 안에 병원에 가셔서 꼭 환불 받으라고 하세요."

그러자 그분은 주머니에서 꼬깃꼬깃한 1만원짜리 한 장을 주시며, "병원비다. 이런다고 내가 너희들이 한 짓을 용서할 거라고 생각하진 마! 하지만 내가 현대카드 쓴다. 써본다고" 하고 말씀하신 뒤 서류를 건네주셨다.

그렇게 나를 감동시킨 뒤 카드를 발급받는 그분은 이후로도 몇 달 동안 사용 관련 문의 전화를 하시며 그때마다, '현대카드 못 쓰겠어. 하지만 내가 김영경이 봐서 쓴다 써' 라며 핀잔을 주셨다.

그분을 생각하면 지금도 난 가슴이 뿌듯하다.

"잘 지내고 계시죠?"

고객에게 **한 번 더**는 없습니다

판매 일을 하는 사람이라면 누구나 "고객은 왕이다"라는 말을 들어봤을 것이다. 내가 처음 백화점에 입사했을 때는 장기가 아닌 단기 아르바이트였다.

봄 햇살이 따스한 어느 날 자매인 두 고객이 우리 매장을 방문해 이것저것 신중하게 둘러보다 19만 8000원짜리 원피스를 구입했다. 두 고객은 계산을 끝낸 뒤 백화점 행사 내용을 물었고, 나는 자세히 안내를 해드렸다. 자사 카드로 구입하고, 이번 행사와 관련된 우편물을 받은 분들께는 1만원짜리 상품권을 지급한다는 내용이었다.

그러자 고객은 미처 우편함을 확인하지 않아 잘 모르겠다며 쭈뼛거렸다. 그때 옆에 서 계시던 매니저님이 "그럼 제가 확인해드리겠습니다" 하시며 신용판매과에 전화를 걸었고, 상품권 지급 대상 고객이 아니라는 답변이

들려오자 두 고객은 아쉬워하며 발길을 돌렸다.

　그런데 그로부터 두 시간쯤 지나 매장으로 한 통의 전화가 걸려왔다. 매니저님이 전화를 받았는데 원피스를 구입한 바로 그 자매 고객이었다. 그분들은 집에 와보니 우편물이 왔더라면서 지금 장난하느냐며 버럭 화를 내고는 다시 나가서 상품권을 받을 시간이 없으니 직접 가져오라고 소리쳤다. 그날은 매장이 제법 붐벼 정신없는 상황이었다. 매니저님은 식은땀까지 흘리며 정중히 "제가 직접 방문해야 하는 건 알지만 오늘은 도저히 매장을 비울 수 없으니 저희 직원을 대신 보내도 되겠습니까?"라고 여쭤봤고, 그 고객은 다른 약속이 있어 외출해야 하니 빨리 가져다달라며 퉁명스럽게 전화를 끊었다.

　신용판매과에 다시 전화를 걸어 ○○○ 고객이 우편물을 받았다는데 왜 제외 고객이라고 했느냐고 물었더니 동명이인이 있어 착각했다며 사과를 했다. 그러나 그런 사과가 무슨 소용 있으리. 남은 것은 이제 내 몫이었다.

나는 잔뜩 화가 나 있을 고객을 생각하며 매니저님께 내가 직접 다녀오 겠다고 말씀드리고 상품권을 챙겨 백화점을 나섰다. 시간을 보니 고객과 통화한 지 어느새 30분이 지나고 있었다. 마음이 급해진 나는 택시를 타고 이동하면서 고객 댁으로 전화를 걸었다.

"고객님, 죄송합니다. 제가 판매 사원이라 사무실에서 절차를 밟느라 이 제야 고객님 댁으로 가고 있는 중입니다. 늦어서 죄송하지만 급하시더라도 조금만 더 기다려주세요."

솔직한 마음이 통했는지 여전히 퉁명스럽긴 했지만 고객은 '조금 더 기 다려 보고 그때도 안 오면 어떻게 할지 모르겠다'며 전화를 끊었다.

얼마 후 고객의 집 앞에 도착한 나는 심호흡을 한 뒤 벨을 눌렀다.

"누구세요?"

안에서 옷을 구입했던 고객의 목소리가 들렸다.

"네. 저는 현대백화점 ○○ 브랜드 직원입니다."

그러자 화를 내며 문을 열 줄 알았던 고객이 음료수 한 병을 건네며, "안 올 줄 알았는데…. 화가 나서 해본 말이었는데, 이렇게 응대를 받기는 첨이 네요" 하시며 기뻐하는 게 아닌가. 나는 속으로 안도의 한숨을 내쉬며 고개 숙여 정중히 사과한 뒤 이해해주셔서 감사하다는 말씀을 드리고 그곳을 빠 져나왔다.

그날 내 몰골은 우스웠을 것이다. 아줌마라 몸은 무겁고 급하게 가느라 복장 또한 엉망이었을 텐데도 고객이 그렇게 기뻐한 건 아마도 출발하면서 전화를 걸어 솔직하게 말씀드린 데 있지 않나 생각한다. 누구나 그렇듯 바쁠 때는 '한 번 더'라는 단어를 기억하기가 쉽지 않다. 하지만 그날 나의 판단이 옳았다는 걸 오늘도 되새기며 생활하고 있다.

'참을 인(忍) 세 개면 살인도 면한다'는 말도 있듯이 서비스는 바로 그 '忍'인 듯싶다.

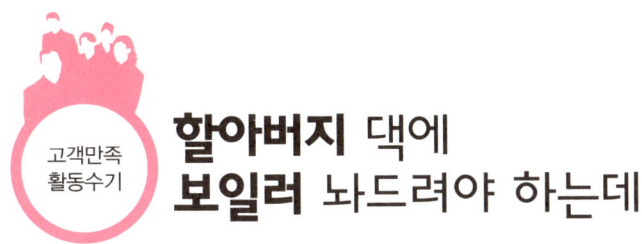

현대캐피탈 대구중고차지점
이 효 근

유난히 추웠던 지난해 겨울, 여느 때와 같이 출근해 하루를 시작하는 따뜻한 모닝커피를 마시며 추운 몸을 녹이던 아침이었다. 차분하게 아침 업무를 준비하고 있는데 전화벨이 요란하게 울렸다.

"고객과 함께하는 현대캐피탈 이효근입니다."

"……."

"여보세요~ 여보세요~ 말씀하세요!"

몇 번이나 되물었지만 아무 대답이 없어 장난 전화거나 잘못 걸린 전화려니 생각하고 수화기를 내려놓았다. 그런데 잠시 후 다시 전화가 걸려왔고, 이번에도 여전히 아무 말이 없었다. 나는 '아침부터 왜 이상한 전화가 걸려오지?' 하고 의구심이 들었지만 별로 대수롭지 않게 넘겼다.

그런데 아침 회의를 마치고 회의실을 나오는데 여직원들이 이상한 전화

가 계속 걸려온다며 수군거렸다. 난 아침에 받은 전화가 생각나 혹시 아무 말 없는 전화냐고 물었더니 모두들 그렇다고 대답했다. 순간 이상한 생각이 들어 전화가 또 걸려오면 무조건 내게 연결해달라고 이야기하고 업무를 진행했다.

그렇게 다시 얼마의 시간이 흐른 뒤 드디어 기다리던 전화가 다시 걸려왔다. 나는 "여보세요~ 고객님~ 말씀하세요~" 하고 다급하게 외쳤다. 그러자 수화기 저편에서 힘이 하나도 없는 음성이 들려왔다.

"여보세요~ 아휴 너무 추워~. 추워 죽겠어~. 여기 경북 영양 ○○번지인데~ 너무 추워~."

자꾸 너무 춥다는 말씀만 하시는 고객의 이야기를 찬찬히 들어보니 사연은 이러했다.

그 고객은 전기보일러를 구입하고 우리 회사에 내구재 상품 할부를 진행하고 있었는데, 계신 지역의 보일러 전기공사 때문에 꼼짝없이 냉방에서 지내게 돼 불편을 호소하고자 전화를 하신 것이었다. 자녀들은 타지에 있고 담당 업체는 전화를 받지 않아 우리 회사로 연락을 했다고 했다.

나는 우선 "어르신, 걱정 말고 잠시만 기다리세요"라고 안심을 시켜드린 뒤 바로 우리 회사에 내구재 상품 대출을 중계한 제휴점에 전화를 걸었다.

엄동설한에 추위에 떨고 있을 고객을 생각하니 내 아버님 생각도, 할아버님 생각도 나면서 가슴이 아파왔다. 순간 전화로 부탁할 일이 아니구나 하는 생각이 들어 제휴점 사장님께 자초지종을 설명한 뒤 제휴점의 전기 기술자와 함께 경북 영양으로 출발했다.

대구에서부터 4시간을 줄기차게 달려 경북 영양 한전에 도착한 나는 그곳 담당자에게 양해를 구한 뒤 그 고객의 집으로 찾아갔다. 아니나 다를까, 그분은 이불을 뒤집어쓰고 사시나무 떨 듯 떨고 계셨다. 그 모습을 보니 몸이 편찮으신 건 아닐까 하는 걱정이 들면서 가슴 한쪽이 찡해졌다.

우선 고객을 옆집으로 모셔놓고 몸을 녹이시게 한 뒤 함께 간 기술자들과 함께 보일러를 고치기 시작했다. 그리고 얼마 후 보일러는 씽씽 신나게 움직였고 금새 방이 훈훈해졌다.

시간을 보니 오후 5시. 산골 마을엔 어느새 어둠이 깔리면서 추위가 엄습했다. 난 다시 옆집으로 가 이미 온기로 가득해진 방으로 고객을 모시고 왔다.

"고마워. 정말로 고마워…."

몇 번이나 고맙다는 인사를 하시는 고객을 뒤로한 채 난 다시 대구를 향해 힘차게 액셀러레이터를 밟았다. 길도 험하고 하루 업무도 모두 그분께 반납했지만 마음만은 정말 훈훈한 하루였다.

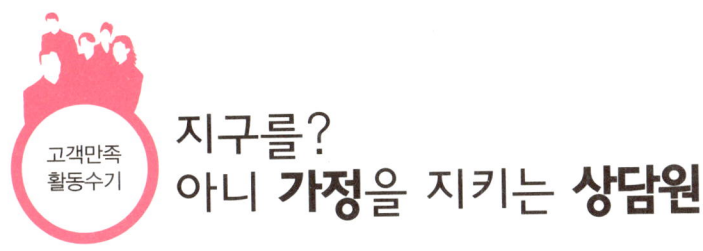

현대캐피탈 CS 운영 팀
유 소 영

노란색과 하얀색 물감으로 여기저기 그림을 그려놓은 듯한 풍경과 눈부시고 따뜻한 햇살이 거리로 쏟아지던 어느 봄날.

점심을 먹고 회사 뒤 놀이터에서 목련꽃 냄새에 한껏 취해 시간 가는 줄도 모르고 동료들과 정신없이 수다를 떨다가 점심 교대시간이 가까워져서야 떨어지지 않는 발걸음으로 센터로 들어왔다.

수다시간이 길어진 탓에 교대 여유시간이 없던 터라 앉자마자 목소리 한 번 가다듬고 전화를 받기 시작했다.

대기를 누르는 순간 들려오는 삐～ 하는 익숙한 신호음을 들으며 나는 최대한 생기 있는 목소리로 첫 인사를 했다. 그러나 나의 상냥한 인사의 허리를 자르며 "아～따" 하시며 불만부터 토로하시는 아저씨의 정보와 함께 빨간색 바탕 위에 '금일 세 번째 콜을 연결한 회원입니다' 라는 글씨가 쓰여

있었다. 순간 직감적으로 민원으로 이어질 수 있는 콜이라는 생각이 들어 긴장하지 않을 수 없었다.

　나는 '최대한 친절하게'를 생각하고 또 생각하며 ARS 연결이 너무 복잡하다고 불만을 토하시는 그분께 무조건 죄송하다는 사과 말씀부터 전한 뒤 무엇을 도와드릴지를 여쭤봤다.

　사실 그분이 무엇을 물을지는 뻔했다. 세이브 회원이었고, 인입번호 상이로 이미 두 번의 재콜을 요청한 상태였기 때문에 카드 정보를 확인하려 한다는 것쯤은 상담원이라면 누구나 유추가 가능했다. 그저 그분께 추가로 안내할 정보를 생각하기 위해 시간을 벌고자 여쭤본 거였다.

　40년생인 그분의 언세를 고려해 나는 최내한 천천히 안내해드리기 시작했다.

나는 정상 결제가 되지 않을 경우, 현금서비스와 당사 부담 무이자일 경우, 5대 홈쇼핑 이용 건 등 포인트가 적립되지 않는 부분에 대해 자세한 설명을 드렸다.

내가 말한 내용을 기억하려고 몇 차례 확인하시느라 화나신 것을 잊었는지 다행히 욕설이나 큰 클레임 없이 전화를 종료할 수 있었다.

그렇게 전화를 끊고 나니 긴장했던 마음이 일순간에 풀어지면서 통화 도중 옆에 계신 배우자 분께 "여보, 연체되면 포인트 안 준당께 결제일 단단히 챙겨"라던 말씀이 생각났다. 나는 혹시나 하는 마음에 주민번호와 결제일을 메모해뒀다.

그 후 매일 같은 통화와 민원 처리로 정신없이 보내느라 그 일을 잊어버릴 즈음 전산 로그인을 하자마자 '금일 상담원 예약 콜'이 있다는 팝업이 떴다. 그날이 바로 그 회원님의 결제일이었다. 자동차 구매와 자동차 보험금 등 여러 가지 사용 건으로 결제 금액이 2500만 원이 넘어 포인트가 무려 40만 포인트에 육박하고 있었다.

'설마 이런 금액과 포인트를 잊으시진 않겠지' 하는 마음이 들었지만 그래도 혹시 하는 마음에 오후쯤 다시 확인해보기로 하고 오전시간을 보냈다. 그런데 그날은 결제 건이 가장 많은 25일, 폭주하는 전화 때문에 정신이 하나도 없어 나는 그만 그 회원님 일은 까맣게 잊고 말았다. 그 생각이 다시 난 것은 이미 오후 5시가 넘어서였다. 나는 전화가 많으니 바로 대기하라는 파트장님의 말씀을 못 들은 척하며 그분께 전화를 드렸다.

"현대카드 상담원 유소영입니다. 오늘이 결제일이시라 잔고 체크해보셨는지 확인하려고 전화드렸습니다."

그러자 그분은 농협에 입금했으니 걱정 말라고 말씀하셨다.

'괜히 오버했구나' 하는 마음에 머쓱하게 전화를 끊고 밀리는 대기 콜의 압박을 받으며 바로 대기를 누르려던 순간 내 눈에 '국민은행'이란 글씨와 계좌번호가 선명하게 들려왔다. 그랬다. 그 회원님의 자동이체 결제 계좌는 농협이 아닌 국민은행이었던 것이다.

나는 다시 급하게 전화를 걸어 회원님께 이 사실을 알렸다. 그때 전화기 너머로 배우자를 향해 야단치는 소리가 들려왔다. "은행 시간도 끝났는데 어떡할 거냐, 제대로 하는 게 뭐가 있냐, 어찌 하는 일마다 그 지경이냐" 하시며 어찌나 소리를 지르던지 듣고 있던 내가 민망해서 더는 들을 수가 없을 지경이었다.

불같이 화를 내시느라 내가 '회원님'을 세 번이나 부르고 나서야 그분은 내가 아직 전화를 끊지 않았음을 인지하시곤 방법이 없겠느냐고 물으셨다.

다행히 6시 전이었기 때문에 농협에서 즉시 출금을 해드릴 수 있었고, 나는 완납 처리가 되었으니 걱정 마시라고 몇 번이나 안심을 시켜드렸다. 그러자 정말 처리된 게 맞느냐며 거듭 확인하신 뒤 고맙다는 인사를 하시고는 갑자기 "니도 고맙다고 해라. 이 아가씨 아니었으면 쪼까냈을 끼다" 하시며 배우자를 바꿔주시는 게 아닌가. 덕분에 넘칠 만큼 감사의 뜻을 전해 받은 나는 다시 한 번 내 일에 대한 자부심을 느끼며 기분 좋게 그날 하루를 마감했다.

그 후 하루하루 계속되는 전화와 간간이 발생하는 민원들로 일에 대한 회의를 느낄 즈음 내 앞으로 소포가 도착했다는 연락이 왔다. 인터넷 쇼핑

몰에서 구매한 옷이겠거니 생각하고 찾으러 가보니 박스가 너무 컸고, 낯익은 이름이 쓰여 있었다. 바로 그 회원님이셨다. 그 속에는 직접 농사를 지으신 배로 만드셨다며, 목을 많이 쓰는 사람에겐 배즙이 좋다는 메모와 함께 배즙 한 박스가 들어 있었다.

눈물이 핑 돌 만큼 기쁜 마음으로 메모를 읽다가 마지막 글귀를 읽고 갑자기 웃음을 터뜨렸다. 거기엔 이렇게 적혀 있었다.

"아가씨 고마워. 아가씨가 내 마누라 살렸어!"

현대카드에 입사해 상담 업무를 시작한 지 1년 하고도 5개월이 지났다. 아직 친절상 한 번 못 받아서 그 흔한 기프트 카드를 구경도 못해봤지만 그날 받은 배즙은 몇십만 원짜리 기프트 카드보다 더한 감동이었으며 뿌듯함이었다.

나는 '기업을 대표하는 것이 브랜드고 그 브랜드의 이미지를 만드는 것이 상담원'이라며, 난 현대카드를 위해 대단한 일을 하는 거야 라는 처음 입사했을 때의 각오와 포부를 다시 다졌다. 받아도 받아도 줄지 않는 콜과 버라이어티하기까지 한 민원으로 인해 일에 대한 회의를 느끼고 열정이라는 불씨가 꺼져갈 즈음 그 불씨에 다시 불을 지펴주신 그 회원님 덕분에 오늘도 나는 긍지를 느끼며 업무에 임하고 있다.

고객만족
활동수기

사랑의 메신저

KTF 대전센터 VIP
김 종 림

"사랑으로 하나 되는 KTF 김종림입니다. 안녕하세요~ 무엇을 도와드릴까요?"

나는 변함없이 밝은 목소리로 하루를 시작했다.

"……"

"여보세요~ 여보세요~고객님~ 고객님!"

"저~ 누나(왠지 슬퍼 보이는 목소리)…."

"네~ 고객님. 안녕하세요~ 제가 무엇을 도와드릴까요?"

"저~ 커플 요금제를 해지하려고요. 지금 바로 요금 상품을 변경할 수 있나요?"

"네. 상대 고객님께 커플 요금제 해지 통보를 하고 바로 변경해드리겠습니다."

　나는 바로 커플 상대 고객에게 전화를 걸어, 남자 고객이 커플 요금제를 해지하고 일반 요금제로 변경 신청을 했다는 안내를 했다. 그런데 내 말을 듣고 한동안 아무 말이 없던 여자 고객이 갑자기 훌쩍거리는 소리가 들렸다. 순간 나는 당황하지 않을 수가 없었다.

　"저~ 아무거로나 변경해주세요~ 훌쩍!"

　무슨 일이 있는 것 같았다. 나는 순간 상담원이라는 나의 직무도 잊은 채 "고객님~ 무슨 일 있으신가요?" 하고 물었다.

　그러자 갑자기 여자 고객이 통곡을 하며 말을 시작했다.

　"언니, 저 남자친구랑 싸웠어요. 커플 요금제 해지에 동의 안 하면 안 돼요? 커플 요금제는 서로 동의해야 변경할 수 있는 거잖아요. 언니, 부탁 하나만 할게요. 남자친구에게 다시 한 번 생각해봐달라고 얘기 좀 해주세요."

난감한 상황이었다. '연애 사업은 둘이 알아서 하지. 난 콜을 받아서 효율을 맞춰야 하는데 나더러 어떡하라고' 하는 생각이 들며 신경질도 났지만 안쓰러운 마음도 들었다.

"알겠습니다. 제가 남자 고객님께 고객님의 의사를 말씀드리겠습니다."

나는 다시 남자 고객에게 너무 오래 기다리게 해서 죄송하다는 양해를 구한 뒤 여자 고객이 커플 요금제 해지에 동의하지 않았다는 말을 전했다.

"고객님, 여자친구 분께서 우시면서 다시 한 번 생각해달라고 하시던데, 주제 넘는 말씀이지만 제가 보기엔 두 분 모두 지금 너무 아쉬워하는 것 같아요. 저도 남자친구랑 싸운 뒤 헤어지자고 맘에 없는 소리를 하곤 많은 후회를 했었답니다. 두 분은 지금 서로를 너무 사랑하시는 것 같아요. 다시 한 번 생각해보시고 서로 화해하세요."

"누나, 실은 저도 오늘 커플 요금제 해지는 그냥 해본 말이었어요. 솔직히 여자친구와 싸우고 홧김에 전화한 건데…. 이렇게 좋은 누나를 만난 걸 보니 전 운이 좋은가 봐요. 고마워요 누나. 헤헤헤…."

고맙다는 말을 들으니 내 마음까지 밝아져 난 "고객님, 오늘 이후로는 커플 요금제 해지로 연락하지 마세요" 하고 말했다.

"네. 누나, 고마워요~."

그는 여러 번 고맙다는 말을 하곤 전화를 끊었다. 내가 무슨 짓을 한 건가 생각하니 웃음이 나왔다.

그렇게 다시 정신없는 하루하루가 흘러 일주일쯤 지난 어느 날 오후에 개인 알림이 들어왔다. 일주일 전에 커플 요금제 해지를 한다고 했던 그 고객의 번호로 이번엔 여자친구 쪽에서 메모 전달을 요청했다. 바로 선화를 걸어 인사를 하려는데 그쪽에서 먼저 말이 튀어나왔다.

"언니, 그때 저랑 통화했던 언니 맞죠? 언니 고마워요. 언니 때문에 저희 헤어지지 않고 오늘 100일을 맞았어요. 언니가 저희 사랑을 이어주신 거라 언니한테 꼭 얘기하고 싶었어요."

듣던 중 반가운 소식이었다.

"축하드려요. 두 분 너무 잘 어울리는 것 같았어요. 두 분의 100일을 진심으로 축하드려요."

그때 갑자기 남자 고객이 전화를 바꾸더니 "누나 덕에 오늘 저희 100일을 맞았어요. 누나한테 뭔가 보답을 하고 싶어요."

그들은 내게 저녁을 같이 먹자고 했다. 나를 잊지 않은 것만도 충분히 고마웠는데 저녁까지 같이 먹자니 너무나 뜻밖이었다. 그동안 난 커플 요금제를 해지하고 등록하는 것을 단지 일로만 생각했는데 내 말 한마디로 서로 예쁜 사랑을 하고, 나를 잊지 않고 일부러 연락까지 해준 것이 너무도 감동스러웠다.

일을 하다 보면 가끔 "누구누구한테 전화 좀 해주시면 안 돼요?"라는 부탁 전화를 받곤 한다. 처음엔 이런 부탁을 받으면 짜증 섞인 목소리로 응대하곤 했다.

하지만 요즘 난 사랑의 메신저라는 생각으로 기쁜 마음에 서로에게 메모를 전달하곤 한다. 그 커플 고객 덕에 내 생활도 바뀐 것이다.

생각을 바꾸면 삶이 달라진다고 했던가. 정말로 생각을 조금 바꾸니 내 일이 꼭 업무만이 아니라 고객에게 기쁨을 주는 일도 된다는 걸 깨달을 수 있었다.

"커플 고객님~ 벌써 1년이 조금 지났네요. 절 아직도 기억하나요? 두 분은 지금도 티격태격하시면서 예쁜 사랑 나누고 계시겠지요? 결혼할 때 저도 초대해주길 기대할게요."

상담원이 곧 회사를 대표한다

고객만족
활동수기

KTF 일반 5파트
김 수 진

오늘도 나는 "사랑으로 하나 되는 KTF 김수진입니다"로 하루를 시작했다. 매일 아침부터 저녁까지 전화를 받을 때마다 하는 이 말, 갑자기 진정 사랑으로 하나 되었던 날이 며칠이나 될까 하는 생각이 들었다.

처음 입사했을 때는 모든 고객의 말을 가슴에 담아두고 마음을 다해 문제를 해결하려고 노력했다. 하지만 1년 남짓 일을 하자 고객의 말이 거짓말 같고, 왜 안 되는 것을 해달라고 하는지 목소리는 웃고 있지만 마음속으로는 비웃는 거짓말쟁이 상담원이 되어갔다. 그러다 보니 콜이 너무 많아 힘들거나 불만 고객과 연결될 때는 나도 모르게 말투나 목소리가 퉁명스러워지는 AC(에이씨)S가 될 때가 많았다.

그런데 나의 이런 생각을 완전히 바꾸어놓는 일이 일어났다. 그 즈음 나는 내 일에 대한 회의가 들어 그만둘까 말까를 놓고 고민하고 있었다. 마음

이 그러한지라 당연히 일이 하기 싫었고 기분까지 가라앉은 어느 목요일 오후에 훈 패드가 왔다.

"010-○○○-○○○○번 부가서비스 오등록. 확인 후 연락바랍니다."

CS가 아닌 A-CS가 생긴 것이었다. 나는 고객의 마음보다는 '귀찮다' 는 생각이 먼저 들어 요금 조정이나 무료통화를 주고 말아야지 생각하고는 'KTF 왜 그러느냐' 며 화를 내시는 고객에게 무료통화를 드리겠다는 말을 하고는 긴말하기가 싫어 아직 마음이 채 풀리지 않은 고객과의 통화를 끝냈다. 그렇게 전화를 끊어 마음이 약간 불편했지만 '별일 있겠어. 다음에 잘하면 되지 뭐' 하고 생각하며 그냥 맘 편하게 그 주를 보냈다.

그런데 월요일 아침에 연락이 왔다. 고객이 멤버스닷컴 칭찬 사이트에 'KTF 상담원 너무 친절하다' 는 제목 아래 불만족스러운 부분들을 올려 문제가 된 것이었다. 순간 내 행동들이 떠올라 당연한 결과라고 받아들이면서도 한편으로는 '왜 사이트에 이런 글을 올려서 사람을 힘들게 하나' 하는 생각도 들었다.

하지만 내가 상담했던 콜 내용을 들어본 나는 깜짝 놀랄 수밖에 없었다. 나는 그저 조금 무뚝뚝했다고 생각했는데 직접 들어보니 양해 멘트도 형식적이었고, 내 목소리에는 귀찮고 짜증스럽던 내 마음이 그대로 묻어 있었다. 내가 고객 입장이라도 어이가 없을 것 같았다.

내 자신에게 크게 실망해 반성의 시간을 가진 나는 그 고객에게 작은 선물과 함께 자필로 쓴 편지를 보냈다. 그런데 놀랍게도 칭찬 사이트에 다시 글이 올라왔다. 바로 그분이었는데 자신이 너무 심했던 것 같다면서 'KTF 대단하다'는 칭찬 글을 올리신 것이다.

순간 마음이 찡해지면서 가슴이 덜컹 내려앉는 것 같았다. 나에게는 고객 중 한 분이지만 고객들께는 내가 KTF를 대표하는 한 사람이라 내 불친절이 회사에 대한 불만으로, 내 편지 한 통이 큰 감동으로 다가간 것이었다. 이 일을 계기로 나는 내 자신의 CS 마인드를 다잡을 수 있었다.

하루에 수십 통의 전화를 받는 일은 쉽지 않다. 그러나 오늘도 난 내 전화 한 통이 KTF를 대신한다는 것을 가슴에 새기며 불만 고객이 있더라도 A-CS가 아닌 CS를 생각하면서 상담에 임하고 있다.

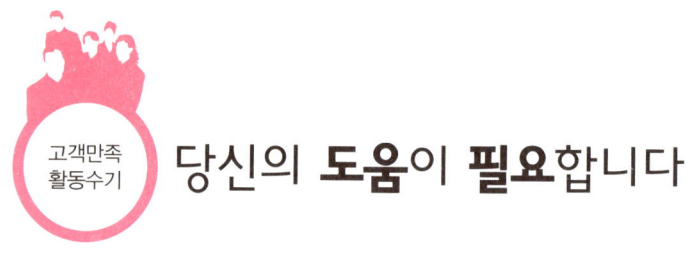

당신의 **도움**이 **필요**합니다

현대캐피탈 CS 운영 팀
윤 형 철

크리스마스와 연말 분위기로 거리가 들떠 있던 지난해 12월. 정상 영업 시간 이후에 출근해 카드 도난 분실 접수 및 승인 관련 업무를 하는 나는 쌀쌀한 바람을 맞으면서 출근해 여느 때와 다름없이 야간 승인실에서 근무를 시작했다.

분주한 거리 분위기를 반영하듯 그날도 카드 분실 접수가 많았다.

"안녕하십니까, 현대카드 야간 승인실 상담원 윤형철입니다. 무엇을 도와드릴까요?"

그러자 회원의 다급한 목소리가 들렸다.

"저는 현대카드를 사용 중인 고객입니다. 카드를 분실해서 전화했습니다."

나는 빠른 분실 섭수 처리 후 사고 배출 여부를 확인하고는 키드 재발급

유무를 물었다.

"회원님, 카드는 정상적으로 분실 접수가 되었으며, 접수 번호는 ○○○○번입니다. 사고 매출이 없으니 안심하셔도 됩니다. 재발급은 자택과 직장 어느 곳에서 받으시겠습니까?"

순간 회원의 요구사항이 나를 당혹스럽게 했다. 현재 가족이 모두 중국에 있고 부모님은 지방에 계시다며 자신이 묵고 있는 호텔로 보내달라는 것이었다. 더욱이 다음날 저녁 비행기로 중국으로 돌아가야 한다며 그때까지 카드를 받아야 한다고 했다.

내용인즉, 회원이 중국 주재 사무소로 발령이 나 현재 중국에서 근무하고 있으며, 배우자 또한 잠시 중국에 들어가 있다는 것이었다. 카드 배송이 될 주소가 호텔인 것도 문제인데 시간 또한 너무 촉박했다.

"회원님, 지금 카드 재발급 요청을 하시면 배송까지는 이틀 정도가 소요되어 회원님께서 요청하신 시간 안에는 배송이 어렵습니다."

그러자 회원은 지갑을 분실한 상황이라 현금도 없고, 호텔 숙박비 및 항공권 결제도 카드로 해야 한다며 자신의 어려운 상황을 설명하기 시작했다. 카드 전표를 회사에 제출해야 한다는 회원의 절박한 사정을 들은 나는 도와드릴 수 있는 방법을 찾기로 결정했다. 전화를 끊기 전 절박한 목소리로 "지금 이 순간 당신의 도움이 필요합니다"라던 그의 목소리가 귓전을 맴돌았다.

우선 담당 팀장님께 상황 보고를 하고 우리가 할 수 있는 최선의 방법을 찾기로 했다. 다음날 아침 일찍 발급 팀에 협조를 요청한 뒤 담당 팀장이 카드를 받아오면 내가 직접 호텔에 가져다주기로 결정했다.

발급 팀에 빠른 제작을 부탁한 뒤 팀장님과 함께 카드를 찾으러 발급 팀이 있는 양재동으로 향했다. 그런데 카드 인수를 하려던 나는 그만 벼락 맞은 사람처럼 몸이 굳고 말았다. 카드 제작이 끝나 배송업체로 넘어갔다는 것이었다.

카드를 받기 위해 모든 약속을 취소하고 호텔에서 기다리고 있을 회원 생각을 하니 마음이 초조해졌다. 난 서둘러 카드 배송업체 차량을 추적해 차량 운전자와 통화를 시도했다. 하지만 얼른 카드를 돌려받고 싶은 내 마음과는 달리 배송업체 차량 운전자는 경기도 지역에 있다며 오후 6시경에나 서울로 다시 올 수 있다고 말했다.

즉시 배송업체 차량으로 가서 카드를 받고 싶었지만 배송업체에서는 발급 팀에만 카드를 줄 수 있다는 규정 때문에 그 차량이 다시 발급 팀으로 돌아오길 기다리는 수밖에 없었다. 나는 일단 회원께 전화를 드려 상황을 설명했다.

"어제 저녁에 상담했던 현대카드 윤형철입니다. 회원님과 약속했던 배송 시간을 지킬 수 없을 것 같아 미리 전화드렸습니다. 하지만 오늘 저녁 안으로 꼭 배송해드리겠습니다. 믿고 기다려주십시오."

회원은 나를 믿고 호텔에서 기다리겠다고 대답했고, 오후 6시쯤 되자 배송 차량이 발급 팀으로 돌아왔다. 나는 서둘러 카드를 넘겨받고는 회원이 묵고 있는 남산 근처 호텔로 향했다. 그런데 엎친 데 덮친 격으로 마음은 급한데 그날따라 길이 너무 막혔다. 나를 믿고 기다리는 회원께 1분 1초라도 먼저 도착하기 위해 막히는 길을 뚫고 달려가 이윽고 호텔 로비에서 회원이 묵고 있는 룸으로 연락을 취했다.

"현대카드 윤형철입니다. 회원님 카드가 도착했습니다."

잠시 후 회원과 만나 카드를 전달하고 사인을 받았다. 헤어지기 전 회원은 "지금 윤형철 씨의 도움이 현대카드의 이미지 같습니다"라는 말을 했다. 그 말 한마디에 밤새 근무하고 카드 배송 때문에 하루를 보내느라 쌓였던 피로가 썰물처럼 빠져나갔다.

회사의 이미지는 TV나 신문 광고 마케팅을 통해서가 아니라 고객의 요구에 귀를 기울이고 최선을 다해 돕는 모습을 통해 만들어진다는 것을 생각하게 하는 계기였다.

나는 다시 한 번 회사는 한 명의 고객을 위해 존재하는 것이 아니며, 매 순간 대하는 모든 고객에게 최대의 만족을 주는 것이 나의 의무임을 되새겼다.

고객만족
활동수기

고객, 또 하나의 **가족**

KT 부산SO2센터

손 지 혜

바쁜 월요일 아침이었다. 그날도 밀려드는 콜을 감당하기가 벅찼다.

"여보세요?"

"무엇을 도와드릴까요? 고객님!"

"사람인교? 기곈교?"

연세가 많으신 할머님이셨다.

"할머님, 무엇을 도와드릴까요??"

그런데 아무리 말씀을 드려도 감감 무소식이었다. 귀가 어두우셔서 잘 들리지 않는지 계속 사람인교만 되풀이하셨다. 목소리를 최대한 크게 내며 5분에 걸쳐 한 자 한 자 여쭤보니 이사를 하셨다고 했다. 그런데 주소를 말씀해달라고 했더니 계속 위치 설명만 하실 뿐 정확한 주소는 모르시는 게 아닌가.

　도저히 상담이 어려워 조심스럽게 자제분이 있는지 여쭤보니 있다고 했다. 연락처를 받아 자제분께 전화를 드렸더니 자신은 다른 지역에 살고 있어서 이사한 정확한 위치를 모른다고 했다. 혹시나 하는 마음에 이사한 주인집 연락처를 아느냐고 물었더니 그것도 잘 모른다고 했다. 참으로 난감한 상황이었다.

　몇 분을 그렇게 통화한 뒤에야 그분은 집을 소개한 부동산 전화번호를 알고 있다며 불러주었다. 부동산에 전화를 드려 사정을 설명하자 최근 전세나 월세 이력을 한참 확인하고는 주소를 알려주었다. 나는 다시 자제분께 연락을 드려 이전 비용과 이전에 관해 안내를 드린 뒤 기사분이 방문할 때 연락처가 필요하다고 했다. 하지만 할머님은 휴대폰이 없어서 연락을 할 수 없는 상태였다. 콜센터에 전화를 하신 것도 공중전화를 이용하신 거였다. 나는 혹시 연락처가 없어 개통이 지연될 수 있으므로 자제분이 할머님께 다음날 정오쯤 전화를 해보고 개통이 안 되어 있으면 내 이름을 말씀드린 뒤 연락을 달라는 부탁을 드렸다. 그렇게 전화를 끊은 나는 가설 부서에 연락을 드려 연락처가 없고 연세가 많으신 할머님이시니 오전에 개통을 해달라고 부탁을 드리자 긴급으로 해주겠다고 하셨다.

다음날 고객이 나를 찾는다며 상담원이 전화를 연결해주었다. 그 할머님이셨다. 할머님은 너무 고맙다고, 복 받을 거라면서 요즘 젊은 사람 중에도 이렇게 착한 사람이 있느냐며 연거푸 인사를 하셨다. 할머님께 건강 조심하시라고 말씀드리니 할머님은 꼭 당신 손녀 같다며 울먹이셨다. 나 역시 2년 전에 돌아가신 할머님 생각이 나며 괜히 마음이 찡했다.

그리고 1시간쯤 후 할머님의 자제분이 전화를 해 "어머님이 혼자 사시기 때문에 연락이 안 되면 너무 걱정되는데 정말 고맙다"며, "시간 날 때 한번 들르겠다"면서 어느 전화국에 근무하는지를 물었다. 난 말씀만으로도 너무 고마웠다. 여러 번 통화를 하는 번거로움은 있었지만 고객 한 분 한 분을 내 가족처럼 생각한다면 우리가 늘 말하는 고객 감동이 어려운 것은 아닐 거라는 생각이 들었다.

고객만족
활동수기

열린 마음으로 듣기

KTF 대전 멤버스센터

윤 선 영

점심식사 후 나른하게 밀려드는 졸음과 씨름하고 있는데 전화벨이 울렸다.

"사랑으로 함께하는…" 하고 말을 하는데 나의 첫 인사가 끝나기도 전에 고객의 목소리가 들렸다.

"여보세요, KTF죠?"

연결되자마자 심상치 않은 목소리에 잠이 확 깼다. 또 불만 고객인 듯한데 사무적으로 대해야 할지 고객의 입장에서 응대해야 할지 고민스러웠다.

그 고객의 상황은 KTF를 사용하다 SK로 번호이동을 하면서 해지했는데 요금을 납부하지 않은 상태로 해지돼 미납 요금이 발생했고, 요금 명세서를 받지 못해 오랫동안 미납되는 바람에 한국신용평가기관으로 이관된 상태였다.

내 머릿속에서는 '사무적인 상담' 하고 결정이 내려졌다.

나는 요금 명세서가 발송됐으나 주소 변경을 하지 않아 청구서를 받지 못한 것이며, 미납 요금이 발생한 것은 휴대폰 요금은 사용한 다음달에 납부되기 때문이라는 설명을 드렸다.

그러자 고객께선 이렇게 이해가 되도록 설명을 잘해주면 될 걸 한국신용평가기관 직원이 너무 불친절해 화가 났다고 하셨다.

갑자기 너무나 죄송한 마음이 들었다. 그저 사무적인 상담이었는데 그걸 친절하다고 말씀하시다니. 난 금세 마음을 바꿨다.

스물세 살의 아직 어린 고객은 한국신용평가기관에서 발송한 미납 독촉장과 신용불량이라는 말에 털컥 겁이 난 게 분명했다. 그래서 연락처가 나와 있는 신용평가기관으로 전화를 했는데 그곳 상담원이 너무나 불친절해 화가 난 것이었다.

"상담원님도 이런 일을 당하면 불쾌하지 않겠어요? 상담원이 그렇게 상담을 하면 어떡해요?"

고객의 말에 따르면 그 상담원이 "요금만 납부하시면 되구요, 나머지 상황은 KTF로 전화해서 알아보세요. 저희는 모릅니다" 그러고는 먼저 전화를 뚝 끊어버렸다는 거였다.

고객은 다시 신용평가기관으로 전화해 조금 전에 상담한 상담원과의 연결을 요청했다고 했다. 그러자 그 상담원이 "이렇게 업무 방해를 해도 돼요? 제가 고객님 업무를 방해하면 좋겠습니까? 이런 식으로 업무를 방해할 거면 전화하지 마세요"라는 말만 하곤 아무 말이 없었다고 했다. 고객이 계속 '여보세요'를 외쳤지만 상담원은 아무런 대답이 없었다는 것이다.

다시 전화를 걸어 재연결 요청을 하자 이번에는 전화를 받자마자 업무 방해죄로 신고할 거라며 화를 내고는 또 아무런 말이 없었고, 고객이 입금할 계좌번호를 물으니 그제야 입금 계좌번호와 입금액을 말하고는 '오늘까지 입금하세요'라는 한마디를 하고는 전화를 끊었다고 했다. 그래서 너무 억울하고 화가 나 우리에게 전화를 했다는 거였다.

고객의 얘기를 들으니 나 역시 화가 났다. 같은 직종의 일을 하는 사람으로서 부끄럽기도 했다.

하지만 내가 도와줄 방법은 없었다. 그저 고객의 말에 귀 기울이고 고객 입장에서 호응해주는 것밖에는.

30여 분 동안 긴 하소연을 듣다 보니 고객의 목소리에는 이제 화가 남아 있지 않았다.

"언니, 일하는 데 오랜 시간 뺏어서 미안해요. 그리고 감사합니다."

그렇게 전화를 끊은 며칠 후 편지 한 통이 도착했다. 많이 화나고 속상했는데 상담원 때문에 화가 풀렸다고, 그때 짜증내고 화를 내서 미안하다고, 친절하게 상담해줘서 고맙다는 내용이었다. 그리고 마지막 한마디.

"모든 상담원이 언니 같다면 고객들은 상담을 하는 동안 너무나 행복할 거예요."

내가 무언가를 한 것이 아니라 단지 고객의 입장에서 생각하며 고객의 말에 호응했을 뿐인데 고객은 감동한 거였다.

고객만족은 어려운 게 아니었다. 고객의 입장에서 생각하고 내 가족의 일이라고 머리가 아닌 마음으로 이해하며 대하는 것, 이것만이 고객에게 만족과 감동을 줄 수 있는 일이었다.

고객센터에서 4년 넘게 일하며 이런 일 저런 일 많이 겪었지만 고객만족과 감동의 중요성과 더불어 고객 상담이라는 직업에 대한 자부심을 다시 한 번 느꼈다.

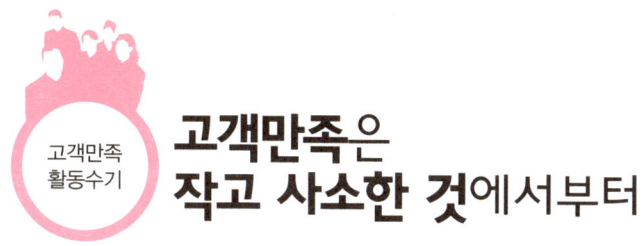

고객만족은
작고 사소한 것에서부터

한국가스안전공사
유 권 열

요즈음 공기업 사기업을 막론하고 너도 나도 고객만족을 부르짖고 있다. 그렇다면 고객만족경영 또는 고객만족은 왜 필요한 것일까?

'고객을 만족시키는 것' 이 종업원, 기업, 고객, 나아가서는 사회 모두에 장기적으로 이익이 되어 돌아오기 때문일 것이다. 기술 혁신으로 순식간에 시장 판도를 변화시킬 수 있던 기존의 '고객만족' 은 새로운 기술만 개발하면 가능했다.

그러나 하루가 다르게 새 기술이 나와 제품 간의 비교가 어려워지고, 기술만으로는 더 이상 독자적인 시장 구축이 어려워지면서 사정이 달라졌다. 기술의 발전과 함께 소비자의 취향과 제품에 대한 기대치도 그만큼 높아졌기 때문이다. 이제 '고객만족' 은 시장 경제 아래서 발생하는 치열한 경쟁의 산물이 된 셈이다.

　사실 과거 관료주의와 서비스의 독점 공급에 익숙한 우리 회사와 같은 공기업은 고객이나 경쟁 상대가 분명한 일반 기업들과 달리 고객이 누구인지, 품질에 대한 비교는 어떻게 해야 하는지 불분명해 다소 혼란스럽기도 하다. 하지만 고객만족이 거창하고 추상적인 것이 아닌 작고 사소한 것에서부터 시작된다는 사실을 깨닫게 한 일이 있어 소개하고자 한다.

　3년 전 대전으로 발령을 받은 나는 남들이 맡기를 꺼린다는 정밀안전 점검을 담당하게 되었다. 고객은 학교, 공장, 연구소, 아파트, 군부대 등 실로 다양했다. 처음에는 나 역시 정밀안전 점검의 개념을 잘 모른 채 업무에 임했고, 그동안의 법정검사 업무에 익숙해서인지 그 틀에서 크게 벗어나지 않는 범위에서 일을 진행했다.

　사실 법정검사는 신청된 업무만 처리하는 다소 수동적인 업무인 반면에 정밀안전 점검은 적극적인 마케팅을 통해서 수입을 창출하는 업무라 마케팅 개념이 몸에 배지 않은 우리 회사 직원들에게는 어려운 일일 수밖에 없었다. 하지만 그리 탐탁지 않은 업무를 맡았다는 불평은 마음 한구석에 묻고 정밀안전 점검을 운명처럼 맞이해 헤쳐나가야만 했다.

그러던 중 고객의 가장 많은 불평이 '정기검사와 정밀안전 점검의 차이가 뭐냐'는 것임을 알게 됐다. 고객의 입장에서는 별다른 차이를 못 느끼겠다는 것이었다. 그때마다 이런저런 설명을 했지만 그들에게는 그저 변명 정도로 들리는 것 같았다. 시간이 흐를수록 이런 식으로 하다가는 정밀안전 점검 대상이 늘어나기는커녕 점점 떨어져나갈 것이라는 생각이 들었다.

달리 접근해야 되겠다는 생각과 함께 '고객만족'이라는 단어를 떠올리게 되었고, 이때부터 나는 사소하고 작은 것부터 실천하겠다고 마음먹었다. 먼저 밝게 인사하기, 가스를 사용할 때 불편한 점은 없는지 묻기, 정밀안전 점검의 개요 설명 및 각종 측정 장비를 통한 정확한 결과 확인, 꼼꼼한 점검, 수업시간을 고려한 점검, 학생 교육용 비디오테이프 제공, 현지 개선, 점검 결과에 따른 개선 방안 설명, 시간 약속 철저히 지키기 등을 하나하나 실천하기로 마음을 고쳐먹고 업무를 해나갔다.

그런 어느 겨울 아침 일찍 ○○학교의 행정실장으로부터 갑자기 온풍기 가동이 안 된다는 다급한 전화가 걸려왔다. 온풍기 설치 업체에서 다녀갔는데 온풍기에는 문제가 없고 가스 압력이 낮게 공급돼 가동이 안 된다는 말만 하고 바로 가버렸다며 불만을 토로했다. 그날도 점검 예약이 되어 있던 터라 시간을 내기가 여의치 않았지만 일의 우선순위를 먼저 생각하고 장비를 챙겨 학교로 신속히 이동했다.

행정실장은 우리가 도착하기를 학수고대하고 있었다는 듯이 반갑게 맞이하며 상황을 설명했다. 교장실과 행정실 등 몇몇 곳의 온풍기를 새것으로 교체했는데 가동이 안 되자 교장선생님이 불량 제품 아니냐면서 화를 냈다는 이야기를 하면서 자신의 입장이 매우 곤란한 지경에 놓였다고 털어 놓았다. 그도 그럴 것이 불과 이틀 전만 해도 기존 온풍기를 잘 사용했는데 새것으로 바꾸면서 가스 압력이 이렇고 저렇고 하는 말을 하니 화가 날 만도 했다.

나는 장비를 내려놓고 차근차근 살펴보기로 했다. 우선 메인 밸브와 인입 밸브의 개폐 여부를 살펴보았다. 혹시나 했지만 모두 열려 있었다. 그래서 이번에는 가스의 공급 여부를 알아보기 위해 온풍기 전단의 퓨즈콕을 분리했다. 순간 가스 공급 압력은 정상이라는 직감이 들었다. 그렇다면 퓨즈콕을 의심할 수밖에 없었다. 일단 퓨즈콕을 빼고 일반 콕으로 교체한 뒤 가동을 해보았다. 그런데 점화가 되는 듯하다가 다시 꺼지기를 반복했다. 당황스러웠다. '정말로 온풍기가 불량인가?' 하는 생각으로 다른 교무실의 온풍기도 가동해보았지만 결과는 마찬가지였다. 이번에는 좀 많이 당황스러웠다. 우리가 일하고 있는 주변으로 모여든 행정실장과 선생님들의 얼굴 표정에서 전문가들이 왔으니 바로 문제가 해결될 것이라는 기대감을 읽을 수 있었다. 그러나 점검은 다시 원점.

나는 처음부터 다시 꼼꼼히 살펴보기로 하고 메인 밸브함으로 갔다. 그런데 이전에 봤을 때와 다를 바가 없는데 하고 생각하는 순간 가스 배관 한쪽에 붙어 있는 계량기가 보였다. 새 제품이었다. 옆에 있는 학교 직원에게 계량기를 언제 교체했고 누가 했느냐고 물었더니 도시가스사에서 전날 교체했다고 했다. 순간 바로 이것이 원인일 것이라는 생각이 뇌리를 스치고 지나갔다. 다시 말해 메인 가스계량기를 교체하는 과정에서 배관에 공기가 혼입되었고, 계량기를 교체한 후 혼입된 공기를 퍼지(purge)했어야 하는데 이런 작업 과정이 수행되지 않은 듯했다. 그래서 가스와 공기가 혼합돼서 공급되다 보니 온풍기가 가동되지 않은 것으로 보였다. 일단 공기 퍼지 작업을 한 후 온풍기를 가동시켜보니 예상대로 모든 온풍기가 잘 작동되었다. 행정실장은 매우 고마워하면서 안도했고, 교장선생님도 역시 전문가라 다르다면서 행정실장에게 진즉에 가스안전공사에 전화해보라고 하지 않았냐면서 우리 회사에 대한 큰 신뢰를 보였다.

내 생각이지만 이 일을 계기로 이 학교는 정밀안전 점검을 우선적으로 신청할 것이고, 만약 사기업처럼 경쟁 상대가 있다면 앞으로 우리 회사에 일을 줄 것이 뻔했다.

이 일을 계기로 나는 다시금 생각했다. 고객을 만족시킬 수 있는 방법은 먼 곳에 있는 것이 아니고 가까이 있으며, 작은 역량을 십분 발휘하면 고객에게 큰 기쁨과 큰 감동을 줄 수 있다는 사실을.

당장 눈앞에 보이는 고객이나 경쟁 상대가 없는 공기업은 직원 스스로의 강한 의지가 없으면 고객만족을 이루기 어렵다. 공적 서비스든 사적 서비스든 고객만족을 창출하지 못하는 정부와 기업은 더 이상 존재의 의미를 상실하게 될 것이다. 이 일은 고객만족은 말로만의 외침이 아닌 우리 몸에 체화되어야 한다는 사실을 깨닫게 해준 계기였다.

참외 사세요! 참외!

현대캐피탈 대구중고차지점

우 진 구

2003년 여름!

동대구 채권센터에서 채권팀장으로 근무할 때의 일이다. 채권센터 하면 인상이 험악한 사내들이 착한 고객들을 윽박지르고 협박하는 모습이 떠오르겠지만, 이곳만큼 정 많고 사연 많은 곳도 드물 것이다.

그해 여름은 유난히 비가 많이 내렸다. 그날도 비가 억수같이 내리고 있었는데 오후 3~4시쯤 비를 흠뻑 맞은 고객 한 분이 사무실로 들어왔다

그런데 무엇 때문에 그리 화가 났는지 그 고객은 사무실로 들어오면서부터 고성과 욕설로 소란을 피웠다. 일단 고객의 흥분을 가라앉히는 것이 급선무였다

"채권팀장 우진구입니다. 고객님, 무슨 일 때문에 그러시는지요?"

"아~ 다 필요 없고! ○○○씨 나오라 그래요."

"○○○씨는 지금 외근 중입니다. 잠시 앉아 무슨 일이신지 말씀해보시지요."

나는 고객을 달래 따뜻한 차 한 잔을 건네고 다시 무슨 일인지를 물었다.

알고 보니 차량 할부를 진행 중인데 부득이한 사정으로 몇 개월 연체가 되자 채권센터 ○○○씨로부터 몇 번의 채권 독촉 전화를 받은 상황이었다. 담당자인 ○○○씨의 추심 행위가 너무 과도해 불쾌하다는 고객의 클레임에 나는 일단 거듭 죄송하다는 말씀을 드렸다. 그러자 고객은 이내 흥분을 가라앉히고 차근차근 본인의 상황을 설명하기 시작했다.

"내가 이 차량으로 참외장사를 하는데, 요즘 계속 비가 와서 그런지 장사가 너무 안 되지 않겠소. 그래서 내가 며칠만 기다려주면 남은 참외 팔아서 다른 건 몰라도 차는 내 밥줄이니 꼭 갚겠다고 했는데…"

고객의 이야기를 듣고 있자니 안쓰러운 생각이 먼저 들었다

"그래도 내가 장사 되면 꼭 갚을 테니 걱정 마세요. 어찌되었든 소란 피워서 미안합니다."

고객의 불만을 야기한 건 우린데 오히려 미안하다는 말에 나는 얼굴이 빨개져 거듭 죄송하다는 말을 하며 고객을 정문 앞까지 배웅해드렸다. 그때 회사 정문 앞에 있는 고객의 1톤 차량이 보였다.

비에 흠뻑 젖어 상품 가치가 없어 보이는 참외 무더기들. 오늘도 다 팔지 못하면 모두 버려야 할 것 같은 상황이었다.

너무나 안타까운 마음이 들어 나는 지갑을 열어 참외를 조금 사고 동료들에게도 은근히 참외 강매(?)를 시작했다. 그리고 몇 분쯤 지났을까? 전 직원이 비도 오니 집에 일찍 들어가야겠다면서 모두들 나와 참외를 봉지씩 사는 것이었다. 지나가던 행인들까지 무슨 일인가 싶어 구경하다가 조금씩 사들고 가 결국 얼마 안 돼 1톤 차량에 실려 있던 참외들이 모두 팔렸다.

고객께서는 연신 고맙다면서 다시 참외 몇 봉지를 들고 들어와 마지막 남은 거라며 직원들에게 나누어주고는 그날 참외를 판 젖은 돈을 들고 들어와 연체금이 얼마인지 물어보며 입금을 하고 가는 게 아닌가?

몇 년이 지난 지금 그분은 대출금을 모두 납입하고 매년 여름이 되면 우리 센터 앞에 와서 직원들과 농담도 하며 장사를 하고 있다. 지금도 가끔 손님이 없으면 우리 직원들이 모두 출동해 이렇게 외친다.

"참외 사세요! 참외! 맛있는 참외 사세요!"

우렁찬 목소리로 외치면 그날 장사는 대박이다.

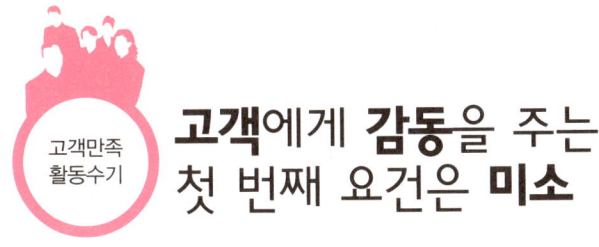

고객에게 감동을 주는 첫 번째 요건은 미소

KTF 대전고객센터 6파트

손 자 영

내가 KTF 전화 고객 상담을 하는 인바운드직으로 입사한 것은 2005년 10월. 첫 사회생활을 서비스직으로 시작했기 때문에 전화 상담 업무를 잘 할 수 있을 거라는 생각으로 자신 있게 지원했다.

그러나 전화 상담 업무는 상대를 볼 수 없는 전화로만 서로의 의사와 감정을 전달하는 등의 종합적인 커뮤니케이션이 오가는 일이기 때문에 내가 생각했던 것보다 더 어렵고 힘든 업무라는 것을 뒤늦게 깨달았다.

3주간의 교육을 받고 처음 투입된 날 나는 정말 눈앞이 캄캄했다. 어눌한 말투, 서투른 전산 작업, 부족한 업무지식이 나를 괴롭히기 시작했다. 앞으로의 생활들이 그저 막막하기만 했다.

수습기간 3개월 동안 나는 그저 수습 딱지를 기필코 떼어버리겠다는 각오로 뛰었다. 아무것도 모르는 백지 상태에서 투입되다 보니 너무 막막하

고 내 자신이 한심스러워 남몰래 훌쩍거리기도 하고, 그만둘까 하는 생각
도 한두 번 해본 것이 아니다. 그때마다 경험 있는 친구들이 나를 위로해주
었다.

'3개월만 눈 딱 감고 버텨보라고, 누구나 처음엔 다 힘든 거라고, 하지만
그것을 이겨내느냐 이겨내지 못하느냐는 자신에게 달린 것이라고.'

난 내 자신을 위로하며 달랬다. 어차피 할 거라면 잘해보자라고 다짐하
고 남보다 조금 일찍 출근해 선배들의 모니터링을 들으며 상담 능력을 향
상시키고, 업무 지식을 배워나갔다.

늘 배우려는 자세로 선배나 파트장님을 가르지 않고 모르는 게 생길 때
마다 손을 번쩍 들고 질문을 하고 다녔다. 그리고 그런 자세가 예뻐 보였는
지 선배도 파트장님도 너무나 잘 가르쳐주셨다.

사실 그분들이 있어 현재의 내가 있기에 너무 감사하게 생각하며, 나도 내 밑으로 들어오는 후배들을 자상하고 따뜻하게 대하며 가르쳐주려고 노력하리라 마음먹었다.

어느덧 3개월이 지나고 나니 나에게도 행복한 소식이 전해졌다. 3개월 만에 수습 패스를 했다는 것….

늘 3개월 안에 수습 패스를 하겠다는 강박관념을 안고 지냈는데 운이 좋게도 나는 나의 작은 소망을 이뤄냈다.

암흑 같던 긴 터널을 빠져나오자 내 생활도 조금씩 변해가고 있었다. 그것은 바로 상위권 성적으로 진입하면서부터다. '아, 나도 할 수 있구나' 하는 자신감이 붙기 시작했다.

사실 콜센터 업무를 하면 시간 관리, 상담 품질, 업무 지식, 매출 등 관리할 게 참 많다. 어느 정도의 단계에 이르니 차츰차츰 향상되어가는 내가 보였다. 그리고 이어진 엘리트 상담원, 베스트 상담원 등의 표창이 내 마음을 흐뭇하고 뿌듯하게 했다.

'내가 인정을 받고 있구나, 나도 할 수 있구나, 내가 해냈구나' 하는 성취감을 느끼게 해준 나의 일터에 감사함을 느낀다.

사실 자신이 노력한 만큼의 결과를 인정해주고 보상해주는 회사는 그리 많지 않을 것이다. 그러나 내가 선택한 나의 일터는 달랐고, 그래서 더욱더 일할 맛이 나고 힘이 생겼다.

운좋게도 수습 패스 6개월 만에 부파트장에까지 올라 더욱더 어깨가 무겁고 힘들기도 하지만 더욱 열심히 하라는 의미로 생각하고 있다.

남보다 뒤처지면 안 된다는 다짐을 할 때마다 매일 전쟁터로 나가는 것 같은 기분이 들 때도 있지만, 그것이 이 일의 묘미가 아닐까 싶다.

사람은 태어나서 죽는 순간까지 치열한 경쟁사회에서 살아가야 한다지 않던가.

좋은 서비스는 이제 고객 감동에서 고객 기절, 고객 절도로까지 이어졌다고들 한다. 내가 갖고 있는 서비스 마인드는 서비스가 날로 강조되는 사회에서는 조금 더 차별화된 서비스가 제공되어야 한다는 것이다.

내가 생각하는 고객 감동의 첫 번째는 미소다. 미소는 고객에게 신뢰를 주고 친밀감을 유지시키는 장점이 있다. 그리고 두 번째는 역지사지. 고객의 입장에 서서 감성적인 서비스를 제공하고, 다각적으로 급변하는 서비스 시장에서 서비스 스킬업과 리더십을 함양시키고, 고객의 행동 유형을 파악해 눈높이 감성 서비스를 실시한다면 고객만족은 절로 이루어질 거라고 생각한다.

아직 이른 감은 있지만 오늘도 난 초심을 잃지 않고 프로근성으로 내 일에서 일인자가 되기 위해 스스로를 채찍질한다.

부파트장 역할도 성실히 수행해 위로는 듬직한 부파트장, 아래로는 자상하고 따뜻한 부파트장이라는 평을 듣고 싶다.

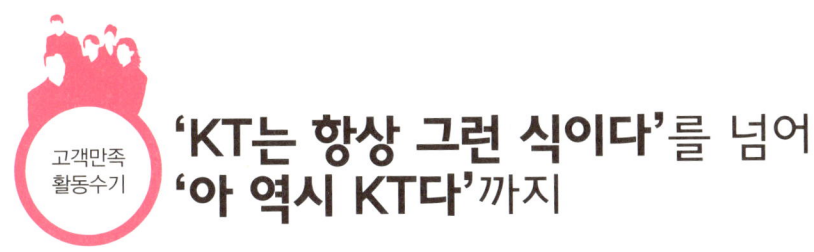

'KT는 항상 그런 식이다'를 넘어
'아 역시 KT다'까지

KT 대구AS센터
금 영 아

같은 상담원이라도 똑같은 경험을 하진 않는다.

5년 전쯤 일이다. 당시 대학생이었던 나는 고객센터 상담원이 아닌 지금 생각하니 위탁 영업점에서 아르바이트를 하고 있었다. 그곳에서는 한참 메가패스 판매 TM으로 열을 올리고 있었다. 전국적으로 인터넷 보급 전성기였지만 시골은 아직 그렇지 못한 곳이 많았다. 나는 주로 시내 근접 지역으로 열심히 다이얼을 돌렸다. 나름의 스크립트도 있었던 것으로 기억된다.

처음 하는 전화 업무이자 첫 아르바이트라 너무 긴장한 탓인지 어떻게 설명하겠다고 준비했던 말들이 머릿속에만 맴돌 뿐 생각처럼 쉽지 않았다.

어느 날 40대 중반 남자 고객과 전화가 연결되었다. 자녀 교육 등 여러 가시 걱정되는 부분을 장황히 설명하시며 시내 근접 지역이긴 하지만 인터

넷 설치가 가능한지 몰랐다며 흔쾌히 신청하시겠다고 대답했다. 드디어 나에게도 가입 신청서 작성의 기회가 주어진 것이다. 그러나 시골이라 신분증을 팩스로 보내기 어려운 상황이 아닌가. 가까운 곳에 농협이나 우체국이 있기는 하지만 장애가 있어 불편하셨기에 쉽지 않은 일이었다. 안타깝게도 가입 신청서 작성이 수포로 돌아가는구나 생각하던 중에 고객께서 다음 장날에 시내에 오신다며 그때 전화국으로 찾아오시겠다고 하셨다. 장과 전화국 거리는 그리 멀지 않았다지만, 몸이 불편해서 버스로 한 20여 분 정도 소요되는 거리라 쉽진 않을 텐데도 꼭 가입하고 싶어하셨다.

"그럼 고객님 제 휴대폰 번호를 알려드리겠습니다. 011-○○○-○○○○입니다. 장에 오셔서 제게 전화 주시면 제가 도와드리겠습니다."

'과연 전화가 올까?' 생각하다 일주일쯤 잊고 있었는데 그 고객께서 장에 와 계시며 시장 모퉁이에 있는 공중전화에서 전화를 한다고 말씀하셨다. 날도 추운데 그분은 휴대폰이 없어 장보기를 뒤로하고 나를 30분이나 기다리셨다. 난 얼른 근처 문구점에서 고객의 신분증을 복사해 전화국으로 향했고 고객은 불편한 다리를 이끌고 시장을 보셨다. 그분은 인터넷을 신청하고자 하는 마음에 의심도 없이 신분증을 선뜻 건네주신 것도 고마운데 장애인 할인 혜택까지 받게 해줘서 고맙다며 다시 한 번 연락을 주셨다.

며칠째 불편한 다리로 장을 보시던 모습이 떠올라 마음 한켠이 좋지 않았는데 싱글벙글 좋아하시며 전화를 주셔서 내 기분까지 좋아졌다. 그렇게 방학이 끝나면서 그 고객도 내 기억 속에서 희미해졌다.

그 후 길지 않은 짧은 TM 아르바이트 경력을 살려 KT 고객센터에 입사했고, AS상담원 2년 차 경력을 과시할 무렵, 저녁 늦은 시간에 인터넷이 되지 않아 학생이 숙제를 못하고 있다는 전화가 걸려왔다. 다음날이 평가 제출 마감일이라 꼭 오늘 사용해야 한다는 것이었다. 확인해보니 회선 상태가 좋지 않아 전화로는 도움을 드릴 수 없는 상황이었다.

"아가씨, 꼭 좀 사용할 수 있게 해주세요!"

야간이라 현장 점검은 어렵다는 걸 고객도 잘 알고 계신지라 다른 방법이 있는지 확인해드리겠다며 어떤 내용의 숙제인지 여쭤보았다. 특정 지식에 대해 공부하고 자료를 수집하는 과제였고, 같은 반 친구끼리도 과제 내용이 달라 도움을 받을 수 있는 상황이 아니었다.

학생과 통화를 해보니 다행히 도보로 20여 분쯤 거리에 친구가 살고 있으며 그곳도 메가패스를 사용한다고 했다. 먼저 친구에게 전화하니 친구가 오라고는 했지만, 아버지가 숙제를 미리미리 해두지 않았다고 많이 꾸지람을 하신다며 걱정했다.

"고객님의 과제를 알려주시면 제가 대신 찾아서 고객님의 친구 메일로 보내드리는 것은 어떻겠습니까?"

"그렇게 해줄 수 있어요?"

"바로 점검을 도와드리지는 못하지만 고객님께서 꼭 필요하시다면 도와드려야죠."

한참 후 메일을 잘 받았다며 고맙다는 전화가 걸려왔다. 다음날 오후 나는 점검은 잘 받았는지, 학생이 과제는 잘 제출했는지 걱정이 돼서 겸사겸사 전화를 다시 드렸다.

"직원이 와서 회선을 꼼꼼히 잘 봐주고 가 지금은 잘돼요. 너무 고마워요. 그리고 아가씨가 보내준 자료에 정보가 많아 우리 아들 학교에서 선생님한테 칭찬 받았다 하더만요."

"네~ 정말 다행입니다. 고객님, 사용해보시고 불편하신 점 있으시면 언제든 연락주세요. 저는 금영아였습니다. 좋은 하루 되세요."

그때였다. 고객님이 "아가씨, 이름이 뭐라구요?"하고 다시 물었다.

"금영아입니다."

"어라, 나한테 인터넷 가입하게 해준 아가씨하고 이름이 똑같네. 혹시 그 아가씨 아니에요?"

그 말을 듣고 전산을 확인해보니 '판매자:금영아, 위탁점:○○넷' 이라고 쓰여 있었다.

"아, 네~. 고객님, 저를 기억하셨어요?"

잘 기억나지는 않았지만 반갑게 맞으시기에 기억하시냐고 반문했다. 그러자 진짜 가입하고 싶었는데 어렵게 가입시켜주고 장애인 할인 혜택도 받게 해줘 너무 고마워서 기억하신다고 했다. 장애인 할인이라 하시니 기억났다. 쓸쓸히 장을 보시던 그날의 뒷모습이.

그때는 학생이더니 지금은 어엿한 직장인이 되어 보기 좋으시다며 저를 넘어 KT를 너무 칭찬해주셔서 고객센터 상담원이라는 게 뿌듯하고 힘이 났다.

유난히 눈 많이 오고 추울 거라는 올겨울, 불편하신 몸 더 불편하시진 않은지 걱정되고 항상 남을 배려하는 고객님의 안부가 궁금해진다. 다시 또 고객님과 인연이 되어 고객과 상담원으로 만나게 될까? 다시 만나면 나를 기억하지 못하시더라도 내가 먼저 인사하고, 고객님의 건강과 안부를 묻는 작은 메시지를 남겨드려야겠다.

고객만족
활동수기

자꾸 **홍보전화**가 와요

KT 부산AS센터
김 주 영

여느 때와 같이 일근자들이 퇴근한 자리에 앉아 열심히 '무엇을 도와드릴까요?'를 외치며 전화를 받고 있었다. 그때 한 통의 전화를 받았는데 귓가에 들려오는 목소리가 범상치 않았다.

"아가씨, 여기 전화가 몇십 대 연결되어 있는데, 전화를 받으면 선거관리위원회에서 보내는 안내방송 전화가 자꾸 와서 업무를 못 봐. 이거 어쩔 거야? 당장 확인해!"

이게 웬 날벼락인가! 대리운전 가입자로 타지역 번호와 연결해서 경남 쪽에 전화를 몇십 대 사용하고 있는데 불통도 아닌 전화를 당장 어떻게 차단한단 말인가! 식은땀이 흘렀다. 당직실에서 해결할 수 있는 일이 아니고, 더욱이 시간이 늦어 크로샷 상담원 연결도 안 될 뿐만 아니라 전화가 한두 대도 아닌 상황이라 바로 확인하긴 어렵겠다는 말씀을 드렸으나 어림도 없

였다. 더욱 강력하게 차단 요청을 하시는 것이었다.

최후의 수단인 임시방편으로 통합 CIM에서 전체 조회를 해 확인되는 그 많은 번호들을 차단 등록했다. 그리고 한참이 지나 가입자에게 도저히 지금은 어렵겠다고 양해를 구하려고 연락을 드렸더니 번호 입력만으로 효력이 있었는지 좀전과는 완전히 다른 목소리가 귓가에 울렸다.

"아가씨 성함이 어떻게 되죠? 아가씨가 다 처리해줬죠? 지금은 그런 전화가 걸려오지 않아요. 고마워요."

정말 하늘이 도운 듯했다. 난 맘을 놓으며 불편한 점 있으면 언제든 연락 달라며 상담을 마무리했다. 중근이나 숙직 때 바로 해결이 어려운 문제로 전화를 하시는 고객을 만난 때마다 난감하고 어찌할지 몰라 당황스럽지만 이렇게 깔끔하게 해결될 때면 뿌듯함과 보람을 느끼게 된다.

KT 대구AS센터

길 영 리

여느 때보다 바쁜 날이었다. 첫 인사 끝나기가 무섭게 고객께서는 "전화기는 가지고 갔으면서 계좌번호도 알려줬는데 돈도 안 들어오고…" 하시며 알아들을 수 없는 말만 했다. 인입 전화번호를 조회해보니 Ann 단말을 사용하고 있었다. 고객이 무슨 말을 하는지 알 것 같았다. 사실은 삼성에 전화하고 또 오늘 방문했다는 삼성 기사분과 통화한 후에야 정확히 확인되었지만, Ann 단말 회사는 삼성이었고 단말 고장으로 기사가 방문했는데 같은 모델이 없어 단말기 요금을 환불해준다고 했다는 것이었다.

고객께서는 집에 다른 전화도 없고 혼자 있는데 혹시 급하게 연락이라도 할 일이 있으면 어쩌느냐며 걱정이 많았다. 당신이 모자라서 그렇다며 이런저런 얘기를 하는데 차마 삼성으로 문의해봐야 된다는 말씀을 드릴 수가 없었다. 그냥 전화국에서 산 전화기라서 전화국으로 전화하셨다며 그렇게

믿고 계시기에 두말없이 확인해서 연락드리겠다고 했다. 고객의 필요한 부분을 바로 확인하지 못한 것인지, 요금 문제 확인 후 연락을 드려보니 고객께서는 내심 Ann 전화기를 사용하고 싶으신 것 같았다.

요금은 통장에서 빠지니까 상관없지만 전화기가 없다며 꼭 돈이 아니라 다른 Ann 전화기도 괜찮을 것 같다는 말씀을 얼핏 하셨다.

Ann 전화 고장은 대부분의 고객이 불편 사항만 말씀하시기 때문에 Ann의 불만인 줄 알았는데 그 고객께선 Ann 전화가 좋으셨던 모양이었다. 그분은 한참을 망설이시다가 "아가씨가 그 기사한테 한번 물어보면 어떨까?"라고 말씀하셨다. 바로 확답을 드릴 수 있는 부분은 아니었지만 일단 부탁을 드려보겠다고 말하고는 전화를 끊었다. 삼성 기사분과 고객 사이에서 서너 번을 통화해 차액이 있어도 괜찮다는 고객의 의사까지 모두 전달한 뒤에야 비로소 상담이 종료되었다.

그분은 고맙다고, 나중에 커피라도 사주신다며 좋아하셨다. 삼성 전화기를 사용하셨지만 고객께서는 KT가 더 편하셨던 건 아닐까? 삼성 기사가 직접 방문까지 해서 설명을 드렸지만 의사 표현을 못하시고 나와 통화를 한 걸 보면 KT가 더 편하고 믿음직하셨던 듯하다.

대부분의 고객들이 Ann 전화기 자체에 대한 불만까지 우리에게 말씀하시는 건 우리를 더 믿고 있다는 뜻이리라. Ann 전화의 고장 사례나 클레임의 경우 많은 고객들이 "전화국에서 샀는데 삼성인지 엘지인지 난 모른다. KT 보고 샀는데?"라고 말씀하신다. 우리 같은 상담원들이 해당 고객센터에 적극적으로 연락해 고객의 클레임을 해소하려고 노력하는 것은 고객이 무서워서가 아니다. 사소한 것들로 인해 우리의 이미지가 구겨질 수 있다는 것을 고객 접점 부서인 우리는 알고 있기 때문이다. 고객이 생각하는 KT의 이미지는 아마도 다른 업체들보다 조금 더 친근하고 또 믿음이 가는 곳임을 믿는다. 조금 더 고객들과 가까워지는 그런 KT가 되었으면 좋겠다.

나의 첫 번째 **고객**은 **수호천사**

한화리조트 대천슈퍼마켓
염 지 연

한화리조트 대천에 입사한 지 어느덧 2년이 꽉 차고도 넘친다.

2년이란 시간 속에 울고 웃던 많은 일들이 있었고, 남들 잘 때 출근하고, 남들 놀 때 일하고, 남들 일할 때 쉬는 왕따적인(?) 생활을 하면서도 때론 탤런트보다 더 리얼한 연기를 해야 하는 내 직업…. 이건 나만의 직업이 아니라 한화리조트 안에 있는 우리의 직업이다. 막연하게 직업이라 하면 답답하고 삭막하지만, 즐거운 놀이라고 생각하면 분위기는 확 바뀐다.

일상생활 중에 모르는 사람에게 인사한 적이 있는가? 길을 헤매고 있는 사람에게 먼저 다가가 안내해준 적 있는가?

먼저 모르는 사람에게 다가가기는 쉽지 않다. 그러나 우린 그런 사람들에게 먼저 다가가 인사하고, 안내를 하지 않는가?

내게는 직업이라는 답답함을 즐거운 놀이로 바꿔준 첫 번째 나의 고객님

이 계신다. 성수기에 접어들면 하루가 어떻게 지나가는지도 모르게 바빠진다. 그런 어느 날 할아버지 한 분이 계속 물으시며 물건을 찾으셨다.

'계산하기도 바쁜데…' 싶어 짜증스러운 생각이 들었지만, 겉으론 "여기 있습니다" 하고 억지웃음을 지었다. 그런데 조금 한가해졌을 때 "아가씨, 내가 이것저것 물어봐서 귀찮았지? 계산하기도 바쁜데 알려줘서 고마워. 늙으니까 앞에 있는 것도 잘 안 보여" 하시며 웃으시는 게 아닌가. 순간 나는 쥐구멍에라도 들어가고 싶었다.

그 일이 있고 2주 정도 지났을 때였다.

"아가씨 안녕? 잘 지냈어?"

고개를 드니 바로 그 할아버지셨다. 날 기억해주시는 게 너무 기뻐 "네, 할아버지도 잘 지내셨어요?" 하고 대답하던 나는 순간 할아버지라는 말에 마음이 상하시진 않았을까 하는 생각이 들어 다시 고객님으로 호칭을 바꿨다. 그러자 내 어정쩡한 말에 할아버지께선 "아가씨가 처음이야, 할아버지라고 한 건. 딱딱한 호칭보단 할아버지가 더 정감 있어! 그러니 바꾸지 마" 하고 웃으시는 거였다.

술 취해서 배달 안 해준다고 소리치는 고객, 가격이 비싸다고 불만인 고객들 사이에서 할아버진 내 수호천사로 남았다.

할아버진 우리 콘도 옆 숙박업소에 한 달에 두 번쯤 오시는데 방만 그 쪽을 사용하고 물건은 꼭 우리 슈퍼마켓에서 구입하신다고 하셨다.

정말 약속이라도 한 듯이 한 달에 두 번, 어쩔 땐 일주일에 한 번씩 오셨고, 할아버지와 난 어느새 서로에게 든든한 친구가 되어 있었다.

오실 때마다 "아가씨는 웃는 게 참 예뻐, 그래서 난 아가씨가 좋아, 참 예뻐!"라던 말씀은 내게 정말 큰 힘이 되었다.

그런데 어느 날부터인가 할아버지가 오시질 않았다. 혹시 내가 실수한 게 있을까 내심 걱정하면서 할아버지를 기다렸다. 그리고 얼마나 시간이 지났을까? 어디선가 낯익은 목소리가 들렸다.

"아가씨, 나 왔어! 아가씨 보고 싶어서 왔네."

할아버지셨다. 그동안 왜 안 오셨느냐고 묻자 "그동안 몸이 안 좋아서 못 왔어! 그런데 아가씨가 보고 싶어서 온 거야. 내가 많이 다녔는데, 아가씨만큼 웃어주고, 말동무해주고, 반겨주는 데가 없어. 다들 딱딱한 로봇처럼 시키는 대로만 하지" 하시며 또 웃으셨다.

내가 보고 싶으셨다니, 내 말 한마디가 고마우셨다니…. 오히려 내가 할아버지께 많은 것을 배웠는데….

"아가씨, 고마워! 이젠 더 못 올지도 몰라."

할아버지는 아픈 몸으로도 끝까지 웃음을 보여주셨다. 그렇게 할아버지는 가장 중요한 걸 잊고 있던 내게 미소가 얼마나 큰 힘을 갖고 있는지 깨닫게 해주셨다.

우리는 일반적으로 고객을 감동시켜야 한다는 틀에 박힌 생각에 큰 이벤트를 준비하거나 무언가 일을 만들지만, 잊고 있는 게 있다. 바로 말 한마디 속에 가득한 미소. 큰 이벤트보다 고객, 나, 우리 모두가 미소 하나에 행복을 느끼는 순간, 그 순간이 최고의 감동이 아닐까?

마음속에 수호천사가 있다면 왕따놀이에서 친구를 찾은 것이다. 근무에 들어갈 때마다 내 첫 번째 고객인 수호천사 할아버지께선 항상 이렇게 말씀하신다.

"아가씬 웃는 게 참 예뻐!"

미소의 힘! 이것이야말로 우리에게 꼭 필요한 힘이 아닐까?

현대캐피탈 CS 운영 팀
조 정 화

고객센터에서 일하다 보면 다양한 회원을 접하게 되는데 그중 제일 난감할 때가 본인이 아니면서 본인이라고 우길 경우이다.

아마 2년 전 이맘때였던 것 같다. 점심을 먹고 나른한 오후 업무를 시작하기 위해 준비를 하다 전화를 받았다. 그런데 다급하게 들려오는 회원 목소리가 떨리고 있었다.

"정성을 다하는 현대카드 조정화입니다. 회원님, 무엇을 도와드릴까요?"

"저기요, 현금서비스를 받으려고 하는데 비밀번호를 몰라서요. 빨리 비밀번호 등록하고 현금서비스를 받을 수 있게 해주세요. 급해요, 빨리요."

회원의 목소리는 다급하다 못해 애절했다. 하지만 문의한 회원 정보는 일치했으나 카드 고객은 55년생이었고 전화를 건 회원의 목소리는 너무도

앳된 대학생 정도였다.

"회원님, 죄송합니다만 회원정보는 일치하지만 회원님 목소리가 너무 어린 듯해 다른 정보를 좀 여쭙겠습니다. 최근에 카드 이용하신 가맹점이 어느 곳입니까?"

그러자 급하다고 하지 않았냐고 소리를 지르면서 빨리 처리하라고, 사람 목숨이 왔다 갔다 한다고 난리를 쳤다. 내가 조심스럽게 혹시 아드님이냐고 물으니 "아들이면 어쩔 거냐"며 이젠 거의 괴성을 지르고 있었다.

난 본인 정보가 맞다 하더라고 전화로 통화하는 것이라 본인이 아니면 비밀번호 등록을 도와드릴 수 없다며 양해를 구했다. 그러자 그는 울먹이면서 전후사정을 얘기했다. 내용인즉, 지방으로 할아버지 제사를 지내러 가는 길에 교통사고가 나 아버지가 크게 다치는 바람에 인근 병원 응급실로 실려갔는데 수술용품 일부를 환자 보호자가 사와야 수술이 가능하다고 했다며 아주 긴급한 상황이라고 두서없이 말을 이었다. 어머니는 먼저 지방에 내려가셨다가 소식을 듣고 올라오고 있는 중인데 빨라도 2시간은 족히 걸린다는 것이었다.

그때 내 머릿속으로 몇 달 전에 일어난 엄마의 교통사고가 떠올랐다. 상담 중에 지방의 한 병원 의사로부터 휴대폰으로 연락을 받는데 교통사고가 나서 어머님이 돌아가시려고 한다고, 아버님은 정신이 없어서 통화를 못할 것 같다며 빨리 병원으로 오라는 것이었다. 부랴부랴 그 병원으로 달려가 응급실에 누워 있는 엄마의 모습을 봤을 땐 거의 생명체라고 할 수가 없었다. 그때 나도 수술용품 일부를 보호자가 직접 구입해야만 수술이 이루어진다는 말을 들었다. 지방 병원들의 특징인 듯했다.

그 생각이 떠오르면서 전화를 건 고객의 말이 거짓이 아니라는 믿음이 생겼다. 나는 우선 그를 안심시키고 카드 주인인 어머님 휴대폰 번호와 병원 응급실 전화번호를 물은 뒤 바로 연락을 주겠다고 했다. 먼저 병원으로 전화해 교통사고 환자의 수술 여부를 확인해보니 정말 긴급한 상황이었다. 나는 바로 어머님께 전화를 걸어 전후사정을 설명한 뒤 청년 고객에게 연락을 취해 현금서비스를 이용할 수 있도록 처리를 해드렸다. 자칫 사고로 이어질 수도 있는 위험한 일이기도 했지만 생명이 우선이기에 관리자님과 상의한 뒤 회원에게 도움을 드리게 된 것이다.

정신없이 일을 처리하고 나니 생명을 구하는 데 조금이나마 도움이 됐다는 생각에 마음이 한결 가벼웠다. 아마 내가 엄마의 사고로 인한 경험이 없었더라면 회원의 말이 거짓이라고 치부하고 안 된다며 전화를 끊었을지도 모른다. 하지만 아픈 경험을 통해 회원의 문제를 타인이 아닌 내 가족 입장에서 느끼게 되니 모든 문제를 적극적으로 처리할 수 있게 되었다.

그로부터 한 달쯤 후 그 아드님으로부터 전화가 걸려왔다. 그때 너무 고마웠다며, 다행히 아버님 수술이 잘돼서 현재 일반 병실에서 치료 중인데 고맙다는 말을 꼭 전해달라고 하셨다는 것이었다.

그 어머님도 "신용카드가 나쁜 줄만 알았는데 현대카드 덕분에 수술할 수 있었다. 너무너무 고맙다, 앞으로 조상 대대로 현대카드만 이용해야겠다"면서 감사의 말을 잊지 않으셨다.

생각해보면 그리 대단한 일도 아닌데 회원께 큰 도움이 됐다니 내 일에 대해 자부심이 느껴졌고, 고객의 문제를 해결하는 해결사가 된 듯해 뿌듯했다.

고객만족경영은 모든 회사의 큰 모토지만 실질적으로 최전선에서 회원의 고충을 처리하는 고객센터야말로 고객만족에 앞서 고객 감동을 실천하는 부서가 아닌가 싶다.

고객만족
활동수기

외팔 고객에 대한 고마움

현대캐피탈 부산중앙채권센터

변 광 우

2004년 2월 대구의 겨울밤 날씨는 매서웠다. 늦은 업무로 밤 9시가 되어서야 하루 일과를 마무리하고 퇴근을 하기 위해 사무실을 나서려는데 전화벨이 울렸다. 받고 싶지 않았지만 계속 울어대는 소리를 차마 떨칠 수가 없어 발걸음을 멈추고 수화기를 들었다.

"정성을 다하겠습니다. 현대카드 서대구채권센터 변광우입니다."

그런데 전화기 너머로 "현대카드인가요? 지금 잠시 들렀으면 하는데요" 하며 병색이 짙은 목소리가 들려왔다. 나는 이미 업무시간이 끝났으니 내일 오라고 말하고 싶었지만 "무슨 일로 그러시는지요?" 하고 물었다. 그분은 "돈 갚을 게 있다"고 말했다.

피곤이 어깨를 짓눌러 얼른 집에 가서 눕고 싶었지만 금방 온다는 그 고객의 말을 믿고 일단 기다려보기로 했다.

하지만 금방 오겠다는 고객은 30분을 기다려도 오지 않았다. 나는 마냥 기다릴 수는 없어 그만 나가려고 일어섰다. 그때 입구로 누군가가 들어왔다. 그 고객은 평범치 않은 모습으로 다리를 절면서 들어와서는 전화한 사람이라며 늦어서 미안하다는 말부터 건넸다.

시간은 어느새 10시를 넘어서고 있었다. 늦었다는 말에 "괜찮습니다. 이쪽으로 오시죠" 하고는 내 책상 옆에 고객을 앉혔다. 가까이서 얼굴을 보니 걱정스러울 만큼 병색이 완연했다.

"어디 편찮으십니까?"

"그냥 좀 몸이 불편합니다."

고객은 짧은 말로 응대했다. 나는 어떤 일로 오셨느냐고 물었다. 그러자 얼마 전 퇴원을 해서 집에 왔는데 현대카드 우편물이 와 있어 찾아왔다며,

채무 금액이 얼마냐고 물었다. 신분증을 받고 조회해보니 채무 금액은 850만 원이나 되는 고액이었으며 1년 동안 변제가 되지 않은 상태였다. 금액을 말하자 그 고객은 한숨을 푹 내 쉬고는 자신의 이야기를 하기 시작했다.

2년 전 동생과 함께 대구에서 일을 하기 시작했는데 동생이 카드를 당신 명의로 발급받아 사용했다는 것이었다. 순간 나는 직업상 그 고객을 의심하기 시작했고, 채무를 면하고자 떠들어대는 소리라고 생각하며 필적을 대조하기 위해 A4용지에 그 내용을 적으라고 한 뒤 사인을 부탁했다.

내가 오늘은 시간이 늦었으니 내일 사안을 검토하고 연락을 주겠다고 하자 그는 꼭 연락을 달라며 다리를 절면서 사무실을 나섰다. 고객을 보낸 뒤 난 다시 퇴근을 미루고 대환 대출을 실행했기에 그 서류를 찾아 자필과 대조를 해보았다. 그런데 숫자며 글씨체가 확연히 틀렸다. 사인도 마찬가지였다.

다음날 난 심사팀에 회원가입 신청서를 요청해 다시 필체 대조작업을 했다. 역시 그 고객의 필체가 아니었다. 나는 고객에게 전화를 걸어 사무실에 다시 방문해달라고 부탁했고, 저녁 6시쯤 되자 그 고객은 다리를 절며 들어왔다.

다시 나의 옆자리에 좌석을 만들어 고객을 앉히던 나는 다시 한 번 깜짝 놀랐다. 왼쪽 팔이 없었다.

"아휴 고객님~ 팔은 어쩌다…"라고 묻자 사고를 당했다고 했다. 공장에서 일하다 팔이 말려 들어가 발버둥치다가 다리까지 다쳐 왼쪽 팔은 절단 수술을 했고 오른쪽 다리는 여덟 번이나 수술을 하는 바람에 병원에서 1년을 생활하고 퇴원한 지 3일째라고 했다. 측은한 마음이 들어 말하기가 쉽지 않았지만 나는 어쩔 수 없이 채무 얘기를 건네며 동생이 작성한 회원가입 신청서와 대환 대출 신청서를 보여주었다. 고객은 그것을 한참 동안 바라보더니 "동생이 적은 게 맞군요"라는 말만 했다.

"동생분은 어디 있나요?" 하고 묻자 교통사고로 죽었다고 말했다. 나는 무슨 말을 해야 될지 몰라 오른손으로 이마만 만지작거렸다.

잠시 침묵이 흐른 뒤 고객이 "동생이 쓴 돈을 갚고 싶은데 어떡하면 됩니까?" 하고 물으면서 바지 속에서 무언가를 꺼냈다. 통장이었다.

고객은 통장을 책상 위에 놓고 한 손으로 힘겹게 넘겼고, 통장에는 600만 원이 조금 넘는 잔고가 들어 있었다. 회사에서 지급한 돈이라고 했다. 통장에 1000만 원이 입금되었는데 병원에 있으면서 밀린 월세를 갚고 남은 금액이라고 했다. 그러면서 "이 돈으로 동생이 남긴 채무를 갚으면 동생이 저승에서 편하게 지낼 수 있지 않겠냐"며 나에게 좀 도와달라고 했다.

"알겠습니다. 본사와 협의해서 채무를 정리할 방법을 찾아보겠습니다."

내가 확인 후에 다시 연락을 드리겠다고 하자 그분은 연신 고맙다고 인사를 하고는 돌아갔다. 사무실을 나가는 고객의 팔 없는 왼쪽 옷소매가 왔다 갔다 하는 모습은 나를 쓸쓸하게 했다.

이후 본격적으로 센터장님과 상의를 하고 본사에 협조를 구해 방법을 모색했다. 전산을 처음 대출 이전으로 돌리는 작업을 해서 원채권에서 감면할 방법을 택한 것이다. 하지만 전산을 1년 전 데이터로 돌리는 것은 쉽지 않았다.

일주일이 지나고 나서야 본사의 승인이 떨어졌고, 전산을 원상태로 복원

해 이제 입금만 하면 끝나도록 정리가 됐다. 나는 얼른 고객에게 전화를 걸었다. 그러나 전화를 받지 않았다. 다음날도 그 다음날도 전화를 받지 않자 순간 속았다는 생각이 뇌리를 스치며 그러면 그렇지 하는 생각이 머리에서 떠나지 않았다.

그런데 5일째 되는 저녁 9시경 그 고객이 다시 다리를 절며 들어왔다. 나는 화난 목소리로 "왜 전화를 안 받습니까?"라고 퉁명스럽게 쏘아붙였다.

"죄송합니다. 집에서 쓰러져 응급실로 실려가는 바람에 전화기를 못 가져갔습니다. 죄송합니다."

나는 어찌할 바를 몰랐다. 그제야 고객의 병든 얼굴빛이 눈에 들어오면서 쌀쌀하게 군 내 행동을 비웃고 있었다. 나는 미안함을 무마하듯 그분을 부축해 자리에 앉히고는 "좀 나으셨나요?" 하고 물었다.

이제 입금만 하면 처리가 될 것 같다고 하자 그는 연신 감사하다며 전화기를 빌려달라고 하더니 오른손으로 힘겹게 전화 버튼을 하나하나 누르면서 텔레뱅킹을 시도했다. 680만 원. 그건 통장의 잔액 전부였다.

"고맙습니다. 이 은혜는 잊지 않겠습니다. 동생도 고맙게 생각할 겁니다. 이제 맘 편히 살아갈 수 있을 것 같습니다."

그분은 그렇게 마지막 인사말을 남기고 사무실을 나섰다.

밖은 여전히 추웠다. 문밖까지 배웅을 나선 나에게 그 고객은 그동안 고마웠다며 따스한 커피 한 잔을 뽑아주셨다. 나는 커피를 받아들고 인사를 하며 "행복하세요"라는 마지막 인사를 건넸다. 저 멀리 사라지는 고객의 왼쪽 옷소매가 겨울바람에 유난히 흔들리는 모습을 보며 그가 건네준 따스한 커피처럼 앞으로 행복하게 살아가시기를 기도했다.

그로부터 벌써 2년이 지났다. 채권센터에 5년을 근무하는 동안 수많은 고객을 만나보았지만 그때 그분은 잊을 수가 없다. 아직도 그때를 돌이켜 보면 많은 도움을 주지 못한 아쉬움이 항상 가슴 한 자리를 메운다. 그 기억 때문에 지금도 난 고객들이 센터를 방문해 하소연을 하고 어려움을 토하면 고객들의 말을 귀 담아 들으며 채무를 변제할 수 있도록 돕고 있다. 채권센터에서 일하면서 난 어려움에 처한 고객들에게 친절한 상담으로 그 어려움을 헤쳐나갈 수 있도록 길을 만들어주고, 어려움을 이겨냈을 때 건네는 고맙다는 말 한마디에 보람과 자긍심을 느낀다.

고객만족 활동수기

틀을 넘어서…

KT 부산SO2센터
한 현 미

고객센터에서 일하다 보면 자주 느끼게 되는 한계 중 하나가 약관, 지침 뭐 그런 종류의 문서화된 틀들이다. 그 확실하고 구체적인 틀에 갇혀 상담을 하다 보면 가끔은 이 낡은 지침이나 약관들 때문에 고객들께 죄송스럽고 부끄러운 경우도 종종 있다. 하지만 내겐 이 낡은 세계를 깨부술 힘이 없다.

인정하건대 그럴 자신이 없음은 물론이고, 그럴 의지도 상실한 지 오래다. 그렇지만 가끔 내 도움이 절실한 고객들을 만날 때면 그 틀을 깨부수진 못하더라도 한 번쯤 넘고 싶어지는 날이 있다. 물론 어느 정도 허용되는 범위 안에서지만 상담원이라면 누구나 한두 번씩은 지침이나 약관과는 다르게 업무를 처리해 고객들을 도와드린 기억이 있을 것이다. 하지만 그 틀을 넘어 고객을 도와드리는 일은 늘 겁이 난다. 이 사소한 도움이, 이 사소한

융통성이 나중에 클레임이 되어 돌아오진 않을까 하는 두려움 때문이다.

팀장이 된 지 이제 20일. 내가 클레임을 처리하고 있는 건지, 클레임을 쌓아두고 있는 건지 분간도 못할 만큼 정신 없는 날들의 연속에서 만난 한 고객님….

자주 있는 착신 전환 클레임이었다.

뭐 그냥 그런 클레임이려니 하고 팀원이 전환해주는 콜을 받았는데 이게 왠걸. 생각보다 고객님의 클레임 정도가 큰 상태였다. 아버님 명의의 전화에 착신 전환을 가입하려고 하는 상태였고, 아버님은 돌아가셨다고 했다. 장례를 치르느라 장례식장에 있는데 상담원들마다 다 이해해주는 것처럼 얘기를 듣고는 결국 처리를 못해준다고 말하더라는 것이었다.

몇몇 상담원은 주민등록 등본과 신분증만 보내주면 등록을 해주겠다거나, 해당 전화로 연락을 주면 신청해주겠다거나 하는 대안을 제시했지만, 상을 치르는 상주가 할 수 있는 일들은 아니었다.

정해진 지침이 있는 건 잘 알지만, 상담원들이 이런저런 대안을 제시할 정도로 융통성이 있으면 왜 고객이 전화를 거는 장소가 장례식장이라는 걸 알고도 도움을 주지 않느냐는 게 불만의 핵심이었다.

얼굴이 확 붉어질 만큼 부끄러웠다. 틀린 말이 아니었다. 집으로 걸려오는 전화를 돌려받아 아버님 가시는 길에 친인척들 모시는 그 기본적인 일을 우리가 방해했다는 생각이 들어 부끄럽고 진심으로 죄스러웠다.

나는 간략하게 사망 승계 안내를 한 다음 착신 전환을 등록하고 전산실에 요청해 휴대폰으로의 착신까지 처리해드렸다.(패스콜을 등록했을 경우 늦은 전화에 한 통이라도 전화를 놓칠까봐 고객님 걱정이 크셨다.)

며칠 후 그 고객님이 나를 찾았다. 고맙다는 전화도, 클레임 전화도 아니었다. 단지 사망 승계해서 명의 변경을 했으니 본인은 약속을 지켰다는 확인 전화였다. 끝까지 나를, 아니 우리 업무를 부끄럽고 죄스럽게 만드셨다.

약관이나 지침을 바꾸는 일이 결코 쉽지 않기 때문에 섣불리 시작할 엄두도 못 내고 있지만, 요즘의 나는 가끔 이 틀을 뛰어넘는다.

겁내지 않고, 나중에 클레임이 되어 돌아왔을 때 책임을 회피할 만한 구멍 찾기에 급급하지 않고, 내 도움이 절실하나 느껴지는 고객들을 위해 가끔 겁 없이 이 틀을 뛰어넘는다.

무슨 팀장이 업무를 그렇게 하느냐고 누군가는 야단을 칠지도 모르지만,

나는 이런 내가 맞다고 믿는다.

　고객 서비스, 내가 배운 첫 번째 고객 서비스는 내가 할 수 있는 범위 내에서 고객을 돕고 만족시키는 것이니 나는 앞으로도 이 틀을 넘나들며 일을 할 것이다. 약관이나 지침 때문에 죄스러워 얼굴이 붉어지지 않는 그날까지 말이다.

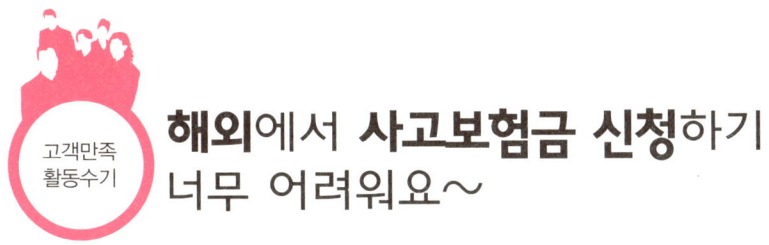

해외에서 **사고보험금 신청**하기 너무 어려워요~

삼성생명 콜센터 서울2센터
고 동 수

2005년 11월 15일.

　중국에서 콜센터로 다급한 전화가 걸려왔다. 아버님이 뇌졸중으로 쓰러져 중국 병원에 입원 중이신데 보험증권도 없고 보험금 접수 방법도 전혀 모른다며 도움을 요청하는 전화였다. 우선 고객을 진정시킨 뒤 콜센터에서 연락을 드리겠다는 말씀을 드리고 전화를 끊었다. 잠시 후 고객이 든 보험의 보장 내용을 확인하고 다시 전화를 드렸다. 삼성생명이라고 하니 무척 반가워하셨다.

　고객님의 전후 사정을 여쭤보니, 아버님이 사업차 중국에서 일을 하시던 중 갑자기 쓰러져 병원으로 옮겨 뇌수술을 받고 중환자실에 입원 중이라고 했다. "아직 말씀도 못하시고, 간호하시느라 고생하시는 어머님 모습도…" 하시며 목이 메이는지 말끝을 흐렸다.

　고객은 한참 동안 "한국도 아닌 머나먼 중국에서, 연세도 있으신 분이 의료진과 원활하게 의사소통도 안 되고, 중국의 큰 대학병원이라고는 하지만 한국의 작은 병원보다 의료시설이 못해요"라며 하소연을 늘어놓았다. 한국으로 옮겨 치료를 받고 싶지만 아버님 병세가 워낙 위중해 그럴 수도 없다며 안타까워하는 마음이 목소리의 떨림을 통해 수화기로 전해졌다.

　나 역시 아버님을 여읜 지 오래되지 않아 고객의 심정을 충분히 이해할 수 있었고, 가족이라도 되는 듯한 마음이 들어 더욱 친절하게 응대했다. 우선 보험금 접수 구비서류를 안내했는데 진단비, 수술비, 입원비, 접수 건이 다 보니 서류가 만만치 않았다. 영문으로 발급 받으라는 말을 거듭했지만 서류가 많아 혹시 오류가 생길지 몰라 구비서류에 대해 다시 한 번 팩스로 전송해주었다.

며칠 뒤 서류가 다 구비되었는지 확인하기 위해 다시 전화를 하니, 서류는 발급 받았으나 입원 중인 중국 병원에서는 영문으로는 발급해줄 수 없다고 한다며 중국 병원에서 작성한 서류로도 접수할 수 있는지 물었다.

고객의 사정이 딱해 그냥 거절할 수 없었다. 보험 심사 파트에 상황을 설명하고 접수가 가능한지 물었다. 하지만 돌아오는 것은 '불가하다'는 통보뿐이었다.

나는 무거운 마음으로 다시 전화를 드려 전후 사정을 설명하고 재발급을 의뢰했다. 다행히 고객은 영문 작성이 가능한 지인을 통해 병원에서 발급받은 서류를 만들고 중국 병원에서 확인 도장을 받았다고 했다. 드디어 서류 완비…. 이제 남은 것은 서류를 제출하고 보험금이 지급되는지만 확인하면 되는 거였다. 혹시라도 어렵게 구비한 서류가 무용지물이 되면 큰일 아닌가. 나는 먼저 고객으로부터 팩스로 구비서류를 받아 심사 파트에 재전송했고, 지급이 가능하다는 답을 얻었다.

그 후 서류 원본이 도착해 2005년 12월 2일에 보험금이 정상적으로 지급되었다. 그제야 나는 안심이 되어 아버님의 안부를 묻기 위해 다시 연락을 드렸다. 다행히 아버님의 병세는 많이 호전되셨고, 무리 없이 활동하고 계신다는 대답이 들려왔다. 몇 번이나 신경 써줘서 고맙다는 인사를 들으니 어찌나 얼굴이 달아오르던지. 그러나 전화를 끊을 때는 나도 모르게 입가에 미소가 번졌다.

고객 감동은 진심 어린 마음으로 고객에게 다가가는 것이리라. 고객을 직접 대면하지는 않지만 전화를 통해서도 고객 감동을 줄 수 있다는 것을 새삼 느끼게 하는 하루였다.

Asia's NO.1 Knowledge Provider **KMAC**

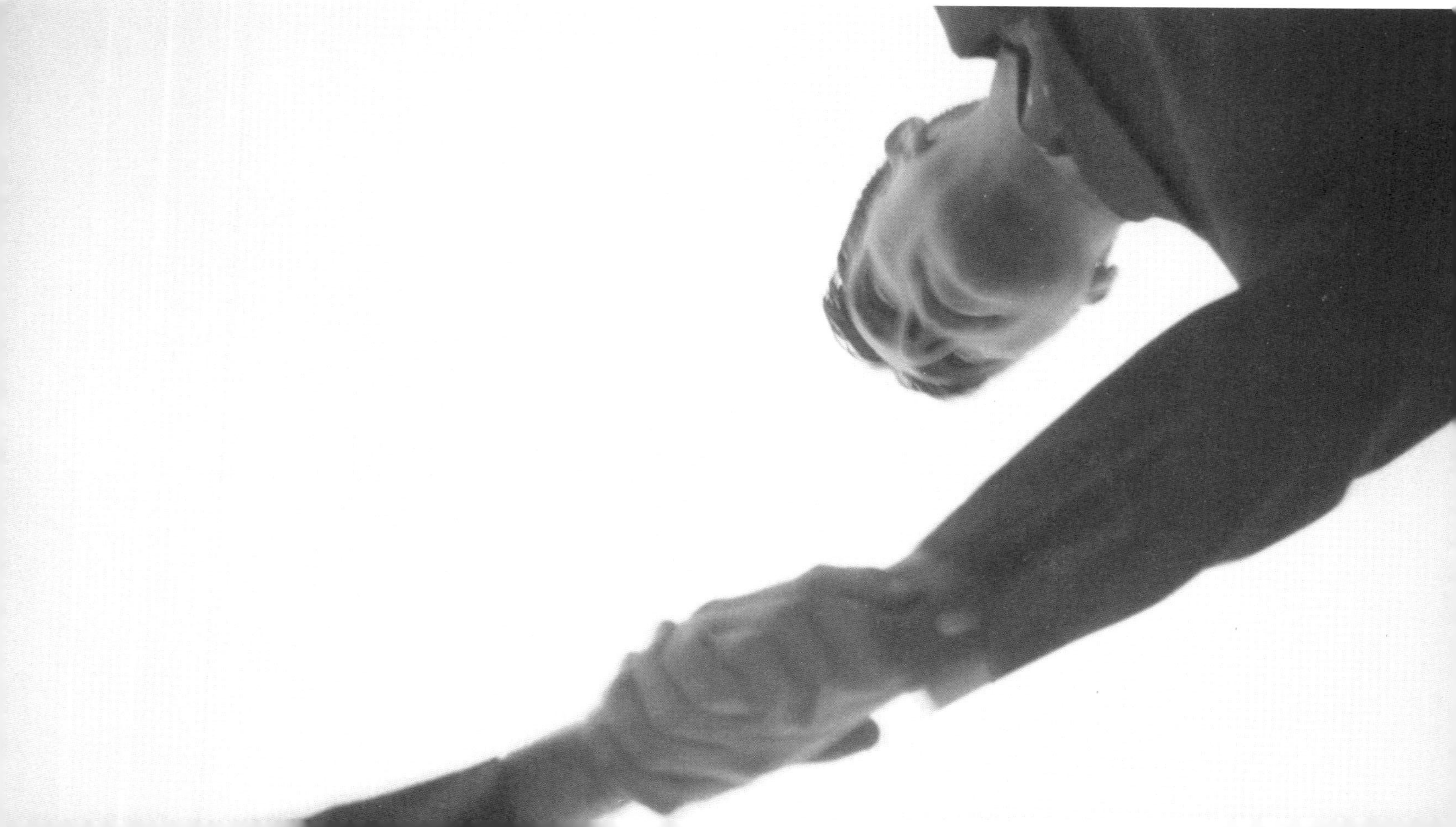

03

제14회
고객만족경영대상
수상 기업
CS 활동사례

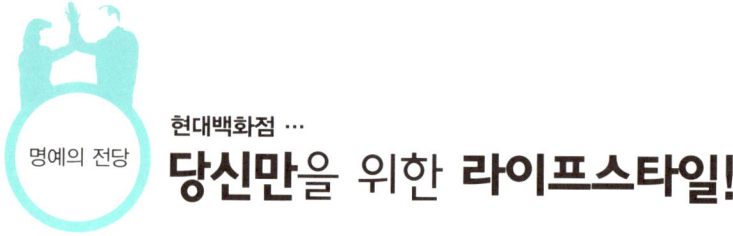

현대백화점은 백화점업의 정의를 단순히 '상품 판매업'이 아닌 '생활 서비스업'으로 재정의했다. 현대백화점은 상품만을 파는 곳이 아니라 상품과 생활을 함께 제공하는 곳으로써 지금보다 더욱 향상된 삶을 추구하는 사람을 돕는 역할을 하려 한다. 즉, 고객이 성공할 수 있고 다른 사람들보다 앞선 생활을 할 수 있도록 돕는 제언자인 것이다.

현대백화점은 고객에게 이야기와 재미가 있는 매장, 풍요로운 삶을 제안하고 영위할 수 있는 코디네이터 역할을 추구하며 Life Stylist 현대백화점을 지향한 지 3년 차가 됐다. 고객의 현재의 생활과 미래의 향상된 생활과의 격차를 줄이기 위해 조직 구성원의 역량을 강화하고 라이프스타일별 다양한 제안을 통해 고객의 앞선 생활을 실현한다.

체험 문화 현장

현대백화점은 오직 그곳에서만 체험할 수 있는 다양한 생활 제안을 통해 고객과 영원한 관계를 형성하고자 한다. 이를 위해 각종 이벤트, 문화행사에 고객이 직접 참여하는 '문화홀 문화행사', 식품 매장 내에서 계절에 따른 다양한 음식을 만들어볼 수 있는 '쿠킹 스튜디오', 현대백화점 경영에 고객의 다양한 의견을 제시할 수 있는 '고객의 의견 시스템' 및 '열린 경영 위원회' 등의 제도를 운영하고 있으며, 푸드 스타일리스트, 홈 스타일리스트 및 웨딩 플래너 등을 통한 분야별 전문적인 상담과 새로운 생활 문화를 쉽게 경험할 수 있도록 했다.

라이프스타일별 클럽

고객의 생활 단계 전반에 걸쳐 고객 생활 향상을 위한 제안으로 현대백화점은 고객의 라이프스타일별 클럽을 운영하고 있다. 라이프스타일을 고려한 i Club, j Club 및 Clup UP와 Club Wedding뿐만 아니라 각 점별 고객이 주축이 되어 활동하는 Wine Club, Cine Club 등 많은 커뮤니티가 활성화되고 있다.

고객을 드라마 주인공으로

상품이 주인공이 되는 고감도 매장 연출과 쾌적한 환경을 유지해 고객들이 즐겁고 품위 있는 쇼핑을 할 수 있도록 매장 환경을 조성하고 있다. 기존의 단순한 상품 진열이 아닌 상품 하나하나가 주인공이 되고, 고객이 드라마의 주인공이 된 것 같은 고감도의 VMD를 구현함으로써 고객에게 새로운

문화를 제안하고 있다. 또한 감성적인 매장 연출뿐 아니라, 에스컬레이터 주변에는 고객이 언제든지 쉬었다 갈 수 있는 휴게 공간과 유아·아동 동반 고객 및 부부 동반 쇼핑객을 위한 유아·아동 휴게실 및 동반 고객 휴게실을 마련해 고객의 편의를 극대화했다.

오솔길과 같은 고객의 동선

고객이 가치를 느낄 수 있는 상품을 선별하고 제안함으로써 고객의 라이프 스타일을 한 단계 높이려고 노력하고 있다.

브랜드 구성 시에는 한 개 브랜드가 5개 이상의 브랜드 역할을 할 수 있도록 하며, 각 상품이 서로 연관되어 완성도를 높일 수 있도록 연출하고 있다. 또한 상품이 주인공이 될 수 있게 벽면을 높이고 연관된 상품은 한자리에서 둘러볼 수 있도록 했으며, 매장 동선을 오솔길을 산책하듯이 편안하게 쇼핑할 수 있도록 곡선화했다.

정성적 평가를 강화한 특화된 서비스

현대백화점만의 특별한 서비스를 위해 다양한 분야의 '고객 알기' 연구모임을 운영하고 있으며, 새로 오픈한 홈페이지 내 커뮤니티를 통해 고객의 라이프스타일을 이해하고 고객의 의견을 직접 듣고 있다. 또한 서비스 품질 향상을 위해서 지속적으로 시행하는 고객 접점 평가(MOT), 고객만족도(CSI) 조사는 기존의 정량적 항목들을 배제하고 고객에게 감성적인 응대를 제공할 수 있도록 정성적이고 경험적인 항목들로 개선하고 있다.

현대백화점은 향후 계획으로 3대 통합 정책을 실시하고 있다. 3대 통합 정책은 On & Off 통합, In & Out 통합, Product & Service 통합 등으로 On & Off 통합은 사이버 환경과 기존 점포의 통합을 이야기하는 것으로써 업무의 디지털화를 통해 현대백화점의 상품과 서비스를 고객에게 모두 보여주어 쌍방향 커뮤니케이션을 실현하는 것을 의미한다. 또 In & Out 통합은 백화점의 Off line(공간, 유무형의 상품과 서비스)상의 한계를 뛰어넘어 백화점의 기능을 극대화하기 위해 최고의 네트워크를 구축하는 것을 뜻한다. 마지막으로 Product & Service 통합은 고객의 관점에서 상품의 가치와 생활 가치를 증대시키는 것으로 상품과 생활의 조합과 조화를 의미한다. 현대백화점은 이러한 3대 통합 정책을 통해 고객의 성공을 돕고, 고객에게 앞선 생활을 제안하고 있다.

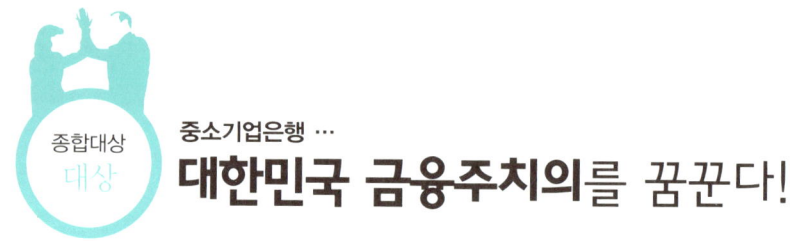

중소기업은행 ···
대한민국 금융주치의를 꿈꾼다!

기업은행은 중소기업 지원이라는 공적 역할에 충실하면서 안전성, 수익성, 성장성, 건전성을 고루 갖춘 대형 건전은행으로 거듭나 올 상반기 은행권 최초로 인수 합병 없이 자산 100조 원을 달성했다. 이는 고객에게 신뢰받는 은행, 국민에게 사랑받는 은행이 되고자 8000여 전 임직원이 고객만족을 최우선 가치로 노력한 결과이다.

기업은행은 1961년 중소기업 전담 은행으로 출범, 지난 45년 간 대한민국 경제의 성장 동력인 '중소기업 지원' 이라는 한길을 걸어왔다.

한국 산업화의 기틀을 마련하고 국민경제의 성장에 막중한 역할을 담당해온 기업은행은 가치경영, 창조경영, 신뢰경영, 파트너 경영의 철학을 바탕으로 자산 100조, 연간 순이익 1조 원의 대형 건전 은행으로 거듭 태어났다.

고객이 힘들 때 우산을 씌워줄 수 있는 은행

언제 어디서나 고객과 함께하는 강권석 행장은 '기업인 천하지 대본'이라는 기치를 내걸고 올해도 2000여 명의 고객을 만나며 중소기업 지원 설명회를 개최하고 현장을 방문해 고객의 애로사항을 경영에 즉각 반영해왔다.

비올 때 우산을 빼앗지 않고, 미리 예측해 기업을 지원하는 '우산론', '일기예보론', 고객을 적기에 진단 처방해 사전에 병을 예방하는 '금융명의론' 등은 늘 고객과 함께 현장 경영을 실천하며 고민하는 은행장의 아이디어라고 한다.

이러한 CEO의 리더십에 따라 전 직원이 역량과 실력을 갖춘 '금융명의'로 고객의 성공을 지원하고 있다.

한편 고객의 성공을 지원하고 CS경영을 확고히 하기 위해 중소기업인 명예의 전당을 건립, 지금까지 총 3회에 걸쳐 경제 발전에 기여한 11명의 CEO를 명예의 전당에 헌정해 국내외 시장에서 성공한 중소기업인의 기업가 정신을 드높이고 있다.

또한 기업의 창업부터 경영상의 문제를 진단하고 적기에 처방, 치료해 건강하게 성장하도록 돕는 컨설팅 서비스는 기업 주치의로서의 차별화된 서비스이며, 기업 고객의 임직원을 위한 친절 교육은 고객과 유대를 강화하는 Win-Win 서비스다.

희망 에너지, 혁신

2006년 기업은행은 '비상 IBK 2006'이라는 슬로건 아래 경영 전반에 걸친 서비스 품질 혁신 활동을 전개했다. 고객 통합 CRM 시스템 운영으로 고객은 1 대 1 차별화된 상품 및 서비스를 제공받을 수 있으며, 비전 달성을 위한 지식마당으로 은행 내 업무 지식을 종합 공유하는 지식 경영 시스템을 개시, 고객 감동 서비스를 창출하고 있다.

또한 전 직원의 친절 DNA(Doing & Action) 릴레이 연수를 통해 서비스 향상을 위해 힘쓰고 있으며, 영업점 단위의 자발적인 CS 활동 및 교육도 활발히 전개하고 있다.

창의 경영

올해도 고객의 눈높이에 맞춘 다양한 상품 개발로 시장에서 큰 호평을 받았다. 대표적인 상품으로는 시설자금 대출 시 운전자금까지 연계해 대출해주는 패키지 론과 수수료 면제, 금리우대 기능을 포함한 대한민국 힘통장,

고객에게 편리함과 부가적인 혜택을 주는 자금관리 원스톱 서비스인 e-branch, e-모아 서비스 등이 있다. 이는 은행권 최초로 차세대 시스템을 구축한 기업은행의 선진 IT 기술 덕이다.

아울러 4800만 개인 고객이 원하는 곳이면 어디든 찾아가는 이동 점포는 찾아가는 서비스를 몸으로 실천하는 예이다.

고객만족을 최우선 경영 목표로 삼고 내부 역량 강화에 힘쓰는 기업은행은 올해 제2기를 맞은 '기은 MBA'를 통해 최상의 인재를 양성하고 있으며 도전 직무 골든벨을 통해 직무 역량을 강화하고 있다.

또한 CS 경진대회를 지속적으로 개최해 고객 감동 우수 사례를 적극적으로 발굴하고 전파해 CS 문화 정착에 앞장서고 있으며, 고객만족 우수 직원은 'CS 마스터'로, 혁신적인 직원은 '기은명장'으로 선정해 기업은행의 자랑으로 우대하고 있다.

한편 내부 고객을 위한 현장 제일주의 실천을 위해 경영진이 480여 개의 전국 영업점을 수시로 방문해 고객 접점의 의견을 직접 청취하고 있으며, 새로운 지식 경영 시스템으로 CEO와 직원과의 격의 없는 대화의 장을 활용해 내부 고객의 소리를 경영에 적극 반영하고 있다.

Special Partner, Special Service! 바로 이것이 기업은행이 추구하는 서비스 기준이다. 이 기준에 도달하기 위해 고객과의 최접점인 fine 고객센터는 국내 최고 품질의 고객센터를 표방하고 있으며 CS센터는 전무이사 직속 기구로 변경해 고객만족 마스터플랜을 수립해 고객만족경영의 컨트롤 타워의 역할을 하고 있다.

나눔을 실천하는 기업

기업은행은 사회공헌 사업에서도 리딩뱅크 역할을 충실히 실행하고 있다. 현재 40억 원을 출연해 기은복지재단을 설립하고 중소기업 근로자 자녀 중 난치성 질환을 앓고 있는 어린이에게 치료비를 전액 지원하고 있으며, 앞으로 매년 10억 원 정도를 추가로 출연해 수혜 범위를 더욱 확대시킬 계획이다. 또 2004년부터는 기은자원봉사단을 결성해 소외된 이웃을 위한 봉사활동을 펼치고 있으며 각종 문화, 예술, 학술 지원 사업도 지속적으로 확대해나가고 있다.

이 밖에도 미래의 주역인 어린이들을 대상으로 꿈나무 경제교실을 운영하고 있고, MBC와 사회봉사 대상을 공동으로 주최해 나눔을 실천하는 은행으로 자리하고 있다.

기업은행 전 임직원은 지금까지의 노력에 더하여 대한민국 금융주치의로서 비바람이 몰아칠 때 더 큰 우산이 되어 한 차원 더 높은 고객만족과 고객의 성공을 위해 지속적인 노력을 기울여나갈 것을 다짐하고 있다.

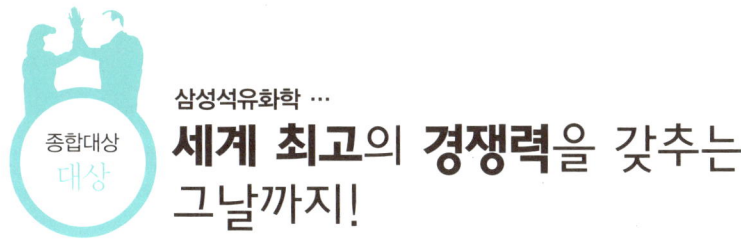

종합대상
대상

삼성석유화학 …

세계 최고의 **경쟁력**을 갖추는 그날까지!

1980년 국내 최초로 PTA(고순도 테레프탈산)를 생산해 현재까지 국내외 고객에게 최고 품질의 제품을 안정적으로 공급해온 삼성석유화학은 화학섬유산업의 발전뿐만 아니라 풍요로운 인류생활 향상에 기여해오고 있다. 급변하는 경영 환경에서도 초일류 회사, 고객 및 국가와 민족에 기여할 수 있는 기업의 모습을 지향하고 있다.

세계 유수기업과의 무한 경쟁에서 '세계 최고의 경쟁력 있는 PTA Maker'가 되기 위해 B2B 기업의 고정관념을 탈피하고, "고객만족경영은 하면 좋은 것이 아니라 안 하면 기업이 망하는 것이다"라는 고객 중심적 사고로 전환해 지속적인 변화와 혁신을 통한 성과 창출을 극대화하고자 고객만족경영을 추진하게 되었다.

기업이 글로벌 경쟁 시대에서 살아남기 위해서는 더 이상 제품만으로 승

부해서는 안 된다. 똑같은 가격, 똑같은 품질에서 고객이 원하는 것은 바로 차별화된 서비스, 즉 고객만족경영이다.

허태학 사장이 부임한 2003년, 삼성석유화학은 고객만족경영의 성공적인 도입을 위해 5대 고객(외부 고객, 내부 고객, 협력사 고객, 지역사회 고객, 주주 고객)을 선정했고, 2004년에는 CS경영에 대한 리더십 모델과 삼성석유화학 고유의 BIZ 모델을 정립했다. 2005년에는 경쟁력 향상을 통한 수익성 제고와 초일류 기업으로 성장하기 위한 토털 마케팅을 추진, 브랜드 '3·2way'를 선정했고, 2006년에는 이를 심화하기 위해 'Better Life Contributor'를 슬로건으로 내건 후 6시그마와 지식 경영을 융합, 질 위주의 고객만족경영을 추진하고 있다.

'내부 고객인 임직원 만족이 우선되어야 외부 고객을 만족시킬 수 있다'

는 CEO의 경영 철학을 바탕으로 글로벌 경쟁력을 갖춘 삼성석유화학만의 인재상을 정립하고, 정보 공유 및 교육을 통해 전 임직원의 적극적인 혁신 활동으로 외부 고객만족 성과를 창출하고 있다. 이를 실천하기 위해 CS 환경조성에 과감히 투자하고, IT 포털을 통한 지원 시스템을 구축, 성과보상 제도를 마련해 임직원 간에 칭찬·관심·배려를 생활화하고 수평적이고 원형의 조직 문화를 구축, 선순환 원리를 정착시켰다. 또한 청년 SPC 활동을 전개해 개개인의 기본 자세를 충실히 하도록 하고 있으며 부문별 전문가를 육성하기 위해 고객만족경영에는 CS Master, 6시그마에는 MBB, BB, 지식 경영에는 신지식인 인증제도를 운영하고 있다.

삼성석유화학은 교류회나 컨설팅을 통해 고객의 생산성 향상과 원가 절감을 위한 혁신 활동사례, 선진 기술 등을 제공하고 있으며 상생적인 관계를 유지해 고객이 체감할 수 있는 CS 활동을 전개하고 있다.

협력사 고객에 대해서는 공정한 거래 관계 형성과 전자 입찰 및 자동 구매 발주, 구매 전용 카드 운영, 전자 세금계산서 발행 등 신뢰 구축을 통해 경쟁력 제고와 자생력을 확보할 수 있는 지원 제도를 운영하고 있으며, Super Partner 관계를 유지해 생산성 향상과 지역 경제 발전에 기여토록 하고 있다.

지역사회에 대해서는 기본적으로 생산 활동 과정에서 안전하고 환경 친화적인 기업의 책임을 충실히 이행하고 있으며, 사회복지/환경보전/사업장별 1농촌 자매결연/문화예술/학술교육/소년소녀 가장 및 불우이웃돕기 등 다방면으로 사회적 책임을 다하고 있다. 또한 주주에게는 투명 경영을 통한 최대의 이익을 제공해 과감한 투자와 국내외 영업 활동에도 적극적으로 참여토록 하는 등 관계를 강화하고 있으며, 고객의 만족도 향상과 회사의 가치를 높이고자 ESI, CSI, VSI의 요소별 만족도를 정기적으로 조사하고 있다. CS 위원회에서는 이를 종합적으로 평가·분석해 전사적인 CS경영에 대한 방향과 방침을 설정하고 이를 적극 실천하고 있으며, 6시그마·지식 경영 등 제반 혁신 활동은 고객만족에 초점을 두고 내실 있게 추진하고 있다. 또한 21개의 세부 실천 항목을 선정해 KPI 지수로 관리 및 평가한 후 그 결과를 경영에 적극 반영함으로써 탁월한 사업 성과를 거두고 있다.

2005년에는 기업 경영의 패러다임 변화와 시장 변화에 능동적으로 대처하고자 '토털 마케팅'을 핵심 과제로 추진, 21세기 디지털 마케팅 환경에 맞는 유연하고 차별화된 선진 마케팅 체제를 구축하고 있다. 또한 전사적 고객 관리 체계인 e-CRM과 협력 고객사를 위한 e-SRM을 구축해 시스템을 통한 고객만족경영을 병행하고 있다.

브랜드 '3·2way'를 통해서는 Global PTA Market Driver로서의 차별화된 이미지를 구축하고 감성과 기술을 패키지화해 고객만족을 향상시킨다. 또한 '더 나은 삶을 위한 약속'을 선언하고 전 세계인에게 존경받는 회사로 거듭나기 위해 노사가 합심, 어떠한 외부 환경과 경영 여건에서도 흔들리지 않는 전천후 기업을 향해 매진하고 있다.

삼성석유화학은 이러한 고객만족경영 혁신 활동을 통해 무분규, 무사고, 무재해 사업장을 구현하고 있으며 SEQMS 31001(국제품질, 환경·안전보건규격) 통합 인증을 획득했다. 이와 같은 고객만족경영 성과로 2003년 혁신 부문 최우수상, 2004년 고객 가치 혁신 부문 대상, 2005년과 2006년에는 연속적으로 종합대상을 수상했고 국내외 유수기업 및 공공기관에 고객만족경영 및 혁신 사례에 대한 벤치마킹을 지속적으로 제공하고 있다.

삼성석유화학은 무한 경쟁 시장에서 세계 최고의 경쟁력 있는 PTA Maker가 되기 위해 고객만족경영을 지속적으로 추진, 지역사회와 국가 경제 발전에 기여토록 전 임직원이 더욱 노력하고 있다.

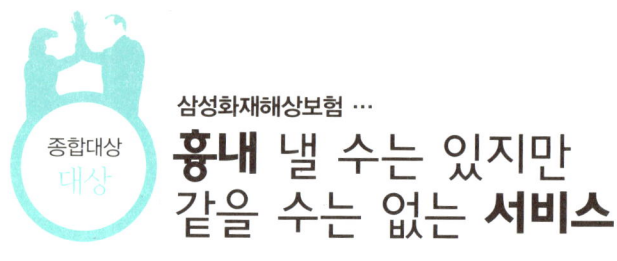

삼성화재해상보험 …

흉내 낼 수는 있지만 같을 수는 없는 **서비스**

삼성화재해상보험은 '고객이 기업 경영의 근본'이라는 모토 아래 고객 만족을 위해 노력해왔다. 이 결과 KMAC 주관 한국산업의 고객만족도 (KCSI)에서 9년 연속 1위에 선정되었다. 또 세계적 신용평가 기관인 미국 S&P사로부터 국내 민간 기업 중 최고 등급인 'A＋' 등급을 3년 연속 획득했고 보험사 전문 평가 기관인 AM베스트사로부터 4년 연속 'A＋' 등급을 획득, 세계적인 우량 보험사로 평가받고 있다.

삼성화재해상보험은 2006년이 향후 10년간 회사의 명운을 좌우할 중요한 시기임을 인식하고 고객만족을 통한 금융권 최고 경쟁력 확보를 위해 다양한 노력을 전개하고 있다.

'고객의 의견' 공유 시스템

삼성화재해상보험은 소비자 주권시대에 걸맞은 고객 참여 경영을 본격화
하기 위해 2005년 6월 업계 최초로 '고객 패널(Customer Panel) 제도'
를 도입, 현재 4기를 운영하고 있다. 고객 패널은 삼성화재해상보험의 현
장 서비스 체험 및 주제별 모니터링을 통해 객관적인 의견을 회사와 공유
하는 제도이다. 이들이 제시한 전략 방향과 아이디어, 개선점을 경영에 적
극 반영해 보다 능동적으로 고객에게 다가가는 기회를 마련하고 있다.

차별화된 상품과 서비스

차별화된 상품 및 서비스 제공을 통해 영업과 보상의 현장 경쟁력을 강화
하는 데 주력하고 있다. 삼성화재해상보험은 판매조직인 RC(Risk

Consultant)들이 영업 현장에서 보험 업무를 노트북과 휴대폰으로 언제 어디서나 처리할 수 있는 '애니유 시스템(Any-U : Anytime Ubiquitous System)'을 구축, 국내 손·생보 업계 최초로 유비쿼터스 기반의 보험 영업을 수행하고 있다. 현재 2만 2000명의 RC들이 노트북을 통해 현장 컨설팅을 실천하고 있고, 이를 통해 RC들의 영업 가용시간 확대 및 고객의 요청사항을 현장에서 즉시 처리할 수 있는 고객 맞춤형 컨설팅을 제공, 현장 원스톱 업무 처리로 고객 편의성을 제공하고 있다.

또한 '컨설팅 애니카자동차보험(Anycar)' 상품을 통해 고객의 특성에 맞는 나만의 자동차 보험을 제공하고 있으며, 특히 올해는 39가지 선택특약을 통해 고객의 위험을 더욱 세분화해 고객이 원하는 대로 자유롭게 설계할 수 있도록 편의성을 높였다.

흉내 낼 수는 있지만 같을 수는 없는 보상 서비스

업계 최초로 개인 휴대용 컴퓨터(PDA)와 웹(Web)을 활용한 긴급 출동 시스템을 구축해 10분 내 출동으로 사고 처리 시간을 최소화했다. 이 시스템은 고객이 보상 직원과 긴급 출동 협력업체에 대한 고객 서비스 만족 수준을 PDA에 즉시 입력할 수 있어 對 고객 서비스 수준을 한 단계 끌어올렸다. 또한 2005년 4월 '애니카서비스' 법인 출범을 통해 긴급 출동과 사고 현장 출동 서비스를 통합해 한층 업그레이드된 보상 서비스를 제공하고 있다. 신속한 콜 관리를 위해 최첨단 GIS와 GPS를 이용한 '출동 관제 백업 센터'를 갖추어 원활한 서비스가 제공되도록 노력하고 있다.

앞으로도 삼성화재해상보험은 '고객만족은 양보할 수 없는 경영 원칙'이라는 모토 아래 '흉내 낼 수는 있지만 같을 수는 없는' 차별화된 상품과 서비스를 바탕으로 언제 어디서나 종합적인 혜택과 서비스를 제공하는 믿음과 안심을 주는 고객의 파트너로 성장해나간다는 비전을 갖고 있다.

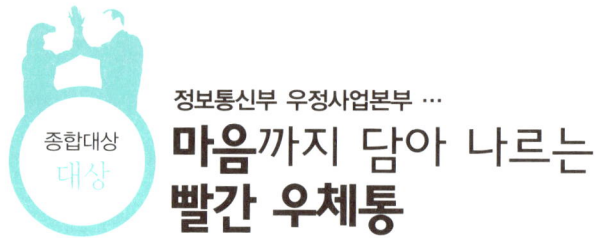

정보통신부 우정사업본부 …

마음까지 담아 나르는
빨간 우체통

정보통신부 우정사업본부는 지난 2000년 7월 모든 국민이 언제 어디서나 편리하게 이용할 수 있는 최상의 우편·금융 서비스를 제공하고 우정 흑자를 통해 우정사업을 견실히 한다는 기치로 출범했다. 그리고 출범한 지 6년이 지난 2006년 11월 현재 우정사업 경영수지 8년 연속 흑자 달성, 공공분야 고객만족도 8년 연속 1위, 택배 서비스 부문 4년 연속 1위, 금융자금 조성 58조 원 달성, ERP 시스템 공공기관 첫 도입 시행, 우체국 콜센터 정부기관 최초 CQ 인증을 획득하는 등 괄목할 만한 성과를 달성했다.

u-POST 339 전략으로 고객만족 추진

제3기 우정사업본부가 출범하면서 신속, 정확, 안전한 우편·금융 및 정보 서비스를 제공함으로써 국민에게 사랑받는 우체국으로 서듭나고자 '국민

사랑 우정 서비스'를 경영 비전으로 내세웠다. 먼저 고객 서비스 혁신, 사업 모델 혁신, 프로세스 혁신 등 3대 혁신 전략과 복리증진, 노사협력, 성과보상의 3대 수행기반, 우편 부문의 서비스 품질 향상, u-POST 물류기반 구축, 전략사업 육성과 금융 부문의 고객 중심 u-뱅킹 구현, 공적 역할 확대, 안정적 성장기반 확충, 경영 부문의 탄력적 조직체계 구축, 인적자원 경쟁력 강화, 경영관리 시스템 고도화 등 9대 세부 사업 전략을 담은 'uPOST 339 전략'을 마련했다. 보편적 서비스 제공과 자립기반 확충을 통해 고객 서비스를 향상시키는 선순환 전략을 전사적으로 추진, 감성적 경영 전략을 모토로 4만 6000여 전 종사원들과 전사적인 노력을 기울여온 것이다.

6시그마 경영 혁신 추진

우정사업본부는 지난 2003년 8월 정부부처 최초로 민간경영기법인 6시그마를 도입해 내부 경영 효율을 통한 고객 중심 경영 혁신을 추진해 401개의 과제를 완료했다. 대표적으로 재판서류 송달 절차 혁신, 국내 특급우편물 정시 송달률 향상, 반송우편물 구분 업무 효율화, 우편번호와 집배구 일치율 향상 등의 업무 프로세스를 개선하고 낭비 요인을 제거했다. 지난 3년간 540억 원의 재무 성과를 올리고, 6시그마 최고 전문가인 MBB (Master Black Belt) 11명 등 383명의 개선 전문가도 양성했다. 올해는 한국 우편사업지원단 등 6개 산하단체까지 6시그마를 확산해서 체신청, 우체국에 이르기까지 명실상부 전 조직의 혁신을 완성했다.

택배·EMS 등 핵심 서비스 5대 혁신 운동

우정사업의 핵심사업인 우체국 택배, EMS 서비스의 품질 혁신과 고객 접점인 배달 서비스의 고객 감동 실현을 위해 집배 서비스 업그레이드/고객 감동 집배 서비스 운동, 택배 5대 만족 서비스 운동, EMS 품질혁신 운동 등 핵심 서비스 5대 혁신 운동을 지속적으로 전개하고 있다.

첨단 우편물류 시스템을 기반으로 한 인터넷 서비스 확대

IT와 우편물류를 결합한 첨단 물류 시스템인 PostNet(우편물류 시스템)을 구축해 실시간 우편물 배송 정보를 제공하고, 휴대폰 문자 서비스를 통해 배달 결과를 통보하는 등 고도화되어 가는 정보통신 환경에 맞는 고품질 서비스를 시행하고 있다. 또 인터넷 쇼핑몰 확충과 인터넷 우체국 개선 등 인터넷 기반의 새로운 서비스를 확대해 전국 3600개의 우체국을 정보처리 시스템에 연결함으로써 On-off Line이 가장 잘 조화를 이룬 국내 정상급 e-Business 기업으로 변신한 성공 모델이 되고 있다.

우체국서비스아카데미

고객 응대 서비스 향상을 위해 우체국별 두 사람 이상의 서비스 지도강사를 육성해 우체국 직원들에 대한 CS 교육을 상시 실시하는 한편 서울, 부산, 광주, 대구에 이어 올해는 파주 통일동산에 우체국서비스아카데미를 추가로 운영해 고객 접점별 · 상황별 응대 요령 등 현장 중심의 전문 CS 교육을 강화하고 있다.

우체국 콜센터 VOC 관리 시스템

고객의 다양한 요구사항에 대해 전문상담요원을 통한 신속하고 표준화된 응대 서비스를 제공하기 위해 2003년 11월부터 우체국 콜센터를 운영하고 있다. 또 2005년 7월 정부기관 최초로 'VOC(Voice of Customer) 관리 시스템'을 구축, 고객 불만사항을 즉시 해결하고 유형별로 분석해 업무 개선에 반영하고 있다.

앞으로도 우정사업본부는 고객만족경영을 위한 한 차원 높고 차별화된 우정 서비스를 지속적으로 제공함으로써 고객으로부터 사랑과 신뢰를 받는 우정사업본부가 되겠다는 포부다.

한국지역난방공사 …
행복한 에너지 세상을 만듭니다

한국지역난방공사는 지난 1985년 에너지 절약과 대기환경 개선으로 쾌적한 주거환경을 조성해 궁극적으로 국민의 삶의 질을 향상시킨다는 큰 뜻 아래 출범했다. 이후 지역난방사업의 성실한 수행을 통해 국가와 사회의 공익 실현에 크게 기여했을 뿐만 아니라, 2006년 11월 현재 분당 · 고양 · 수원 · 대구 · 청주 등 12개 지역 86만여 호에 지역난방을 공급하는 세계 최대의 지역난방 전문 기업으로 성장했다.

지역난방공사가 20년이라는 그리 길지 않은 기간 동안 괄목할 만한 성장을 이룬 것은 그동안 임직원 모두가 하나 되어 지역난방의 확대 보급에 전사적인 노력을 경주해왔기 때문이라 볼 수 있다. 이를 뒷받침해준 것이 설립 이후부터 지속적으로 추진해온 '고객만족경영'이다.

고객이 원하는 서비스 한 발 앞서 제공

한국지역난방공사가 수행하고 있는 지역난방사업은 가격 면에서나 품질 면에서 타 난방 방식에 비해 차별적 우위를 지니고 있다. 공사는 안정적인 냉난방 공급을 통해 고객에게 쾌적한 생활환경을 제공하고, 나아가 양질의 서비스를 통한 고객만족도 제고에 역점을 두고 있다. 이를 위해 고객의 입장에서 고객의 불편사항을 파악하고, 고객이 요구하는 서비스를 한 발 앞서 제공하기 위해 매년 전문 조사기관에서 실시한 고객만족도 조사 결과를 관련 업무에 반영, 지속적으로 개선해왔다.

또한 요금에 대한 정보를 사전에 제공하기 위해 홈페이지에 열요금 사전 안내 및 열요금 시뮬레이션을 운영하고, 설비의 경제적 운영 기준을 제공하기 위해 고객 설비 조작 방법 동영상을 게시하는 등 난방예보 시스템을 운영하고 있다.

또한 전 세대에 합리적인 에너지 사용을 안내하는 홍보 인쇄물 등을 배포하는 등 고객 밀착 서비스를 적극 추진해왔다. 특히 소비자단체, 정부기관, 에너지 관련 전문가 등이 참여한 열린공기업위원회와 고객이 직접 참여해 고객만족 활동에 대한 프로그램 개발 및 개선점을 논의하는 열린 CS 위원회, 그리고 일반 국민을 대상으로 한 고객 제안 제도를 통해 고객의 의견 및 불편 사항을 적극 수렴해 토의, 개선하고 있다.

지역사회 봉사

공사는 지역 주민을 위한 음악회, 컴퓨터 교육, 노래교실, 수영강습회, 영화상영, 어린이 갯벌체험 등 공급지역별 특색에 맞는 다양한 문화행사와 소년소녀 가장 및 무의탁 독거노인 돕기 등 다양한 지역사회 공헌 프로그램을 운영함으로써 지역 주민과의 일체감을 조성하고 지역사회에 봉사하는 기업이 되기 위해 노력하고 있다. 또한 고객 서비스 향상의 일환으로 아파트 단지 내 기계실 직원을 대상으로 한 기술 및 환경 교육, 고객시설에 대한 정기 안전점검, 난방수 수질점검 등 고객 설비에 대한 각종 지도점검도 무료로 시행하고 있다.

특히 공사는 에너지 절약을 생활화해 고유가 시대를 슬기롭게 극복할 수 있도록 고객들을 유도함은 물론, 국제 유가 급등에 따른 가계 부담을 줄이기 위해 12월부터 동절기 3개월(12월~익년 2월) 동안 '지역난방 사용 고객을 위한 에너지 절약 실천 지원사업'을 시행하고 있다. 또한 교육청과 연계해 청소년들이 에너지 절약 시설 견학 및 교육에 참여한 시간을 봉사활동 시간으로 인정하는 제도를 운영함으로써 청소년들에게 올바른 에너지 사용 습관을 습득하게 하고 있다.

사회형평을 중시한 사회공헌 활동

공사는 사회적 약자인 기초생활수급자, 장애인, 독거노인 등이 주로 거주하는 임대아파트와 사회복지시설에 대해 난방요금 중 기본요금에 해당하는 부문을 전액 감면하고 있다.

또 도시와 농어촌 지역의 교육 격차 해소를 위해 벽촌초등학교 인재 양성사업을 통한 교육 지원, 의상자·선행자·저소득층을 대상으로 한 사회형평적 인재 채용을 최초로 시행하면서 전 직원의 80% 이상이 참여하고 있는 '한난행복나눔단'을 중심으로 사회공헌 활동에도 적극적으로 임하고 있다.

이와 같은 노력으로 2006년에는 정부주관 3년 연속 공기업 부문 우수 윤리기업 선정과 더불어 전년에 이어 2년 연속 공기업 경영실적평가 금융수익 부문 1위를 달성했다. 또한 이를 바탕으로 지역난방사업뿐만 아니라 구역형 전기사업, 전남 신안의 태양열사업, 우드 칩을 활용한 바이오매스사업 등 신규사업 진출도 착실히 준비하고 있어 국내는 물론 세계 최대의 초일류 에너지 종합기업으로 성장하기 위해 꾸준히 노력하고 있다.

공사의 전 임직원은 '고객 행복의 가치 제고'란 경영방침 아래 업무 프로세스 및 기업문화를 고객 지향적으로 혁신하고, 지속적인 고객만족경영을 위해 중장기 고객만족경영 전략을 새정립함은 물론 '행복한 에너지 세상을 만듭니다' 라는 기업 이념을 고객 접점에서 실천함으로써 고객이 느낄 수 있도록 'CS 혁신과제 실행을 위한 변화 관리 교육 강화', '고객과의 커뮤니케이션 활성화 프로그램 지속 개발', '사회공헌 활동의 지속적 확대' 및 내부직원 만족 제고 등을 지속적으로 추진해 2008년까지 국내 최고 수준의 고객만족경영 체계를 정립하려는 야심찬 계획을 세우고 있다.

윤선생영어교실 현대영어사 …

보이지 않아도
감동시킬 수 있습니다

고객만족을 통한 '사랑받고 존경받는 세계 속의 영어교육 명문기업'이라는 경영 Vision 아래 CS를 제1의 핵심가치로 인식, 26년 동안 영어교육사업 외길을 걸어온 윤선생영어교실.

그 중심에 CS경영에 대한 CEO의 확고한 의지와 지원을 기반으로 한 명확한 CS 전략이 있었기에 최고의 제품, 최고의 서비스를 통한 지속적인 성장을 이루어내었고 고객의 마음속에 영어교육 명문기업으로 자리 잡을 수 있었다.

윤선생영어교실은 CEO 경영 철학인 고객 감동 경영 · 열린 경영 · 가치 경영 · 투명 경영 실현을 위해 CS 혁신 TFT 조직, CS 평가제도와 전략적 성과관리제도 도입 등의 소프트웨어 부문과 통합 CRM 센터 시스템 구축, 신매체 개발 등 하드웨어 부문에서의 디지털 서비스 전략화에 박차를 가하

고 있다. 또한 휴먼웨어 부문에서는 본사와 현장의 CS 혁신을 위해 2005
년 CS경영전략 수립, 2006년 서비스 아이덴티티 구축을 추진해 CS 개선
과제를 도출, 단계적 로드맵 아래 실천하고 있다.

영어교육의 신 모델 제시

윤선생영어교실은 고객만족의 기본이 되는 훌륭한 교재를 만들기 위해 과
감한 투자를 아끼지 않고 있다. 국제영어교육연구소를 설립해 다양한 선진
연구를 진행하고, 세계적 권위의 영어교육 전문가, 美 국제영어교육연구센
터(EECI), 뉴욕 Halls of IVY와 함께 EFL 환경에서 고객에게 최상의 영
어교육 서비스를 제공하고자 노력해왔다.

자기 주도 학습에 이러닝의 장점까지

고객만족 및 학습 효율 극대화를 위해 26년의 영어교육 노하우를 담아 개발한 이러닝과 기존 오프라인 영어학습의 장점을 결합한 Off&On 종합학습관리 시스템 베플리. 학습은 기존의 교재를 중심으로 하여 홈스터디의 장점은 충분히 살리고 평가는 온라인을 중심으로 하되, 이 두 가지가 긴밀하게 통합되는 하나의 학습 모델로서 요즘 아이들의 눈높이에 맞추어 자발적인 학습 동기를 이끌어내고, 완벽한 복습을 통해 학습 효과를 향상시킬 수 있게 구성되었다.

파닉스 전담제 통한 학습관리 표준화

회원에게 평생 영어 실력의 기초가 될 파닉스를 집중 교육시키고자 파닉스 전담 선생님 제도를 도입, 선생님의 전문성을 높이고 초기 회원에게 6개월간 파닉스 과정을 집중 트레이닝시킴으로써 회원의 초기 학습 습관을 정착시켜 회원 안정화 및 교육센터 경영 안정화에 기여했다. 또한 파닉스 전담 선생님 육성 교육을 전국적으로 강화하고, 매 교육 과정에 CS 교육을 포함시킴으로써 관리 교사의 CS 기반 교육 활동에 대한 표준을 제시하며 고객이 받는 서비스의 품질을 높이기 위해 노력했다.

CS경영을 위한 지속적인 개선활동

외부 전문기관 CS 컨설팅을 통해 도출된 고객정보 시스템(VOC 시스템의 개선), 우수회원 차별화 관리 방안 마련, 서비스 품질관리 체계 정립, CS 평가/성과 체계 구축 등 4대 과제 수행을 위해 부서별로 우수한 인재를 선발했다. 이후 1st Wave CS 혁신 TFT 1기가 조직되었고 개선 과제를 해결해나가기 위해 직원들이 참여하는 다양한 CS 혁신 활동과 벤치마킹을 진행했으며, 전 직원의 참여를 위한 2nd Wave 2기 TFT 발족도 준비 중에 있다.

CRM 센터를 통한 고객 감동 극대화

CRM 센터는 2004년에 설립된 CEO 직속 조직으로 '100만 회원을 위한 CS Creator로서 전설적인 고객 감동 서비스 구현을 통해 2008년까지 World Best CRM 센터 실현'이라는 목표 아래 매년 상담 인프라와 업무 역량을 확장해나가고 있다.

'보이지 않아도 감동시킬 수 있습니다'라는 모토 아래 전 상담원의 서비스 마인드 확립, 영어교육 전문 인력 양성, 커뮤니케이션/팀워크 강화 교육을 시행하고, 2006년에는 BEFLY-S 전담팀 및 VOC 미처리 개선을 위한 담당팀제를 신설, 시스템 업그레이드로 서비스 품질을 높였다.

업계 최초로 CS경영 비전 선포, 국제영어대학원대학교 설립 후 무상교육 실시, 국제영어교사연수원 설립, 영어 전문가 재교육 지원 등을 통해 CS 활동에 따른 수익을 다시 고객에게 환원, 고객의 가치를 높이고자 하는 것이 윤선생영어교실의 CS경영 원칙이다. 이에 따라 CS 글로벌 인재 육성 및 자격제도 도입 등의 휴먼웨어 부문과 글로벌 서비스 표준화 및 고객 니즈 조사 강화 등의 소프트웨어 부문, 세계시장 선점을 위한 인프라 확충 등에 투자를 확대하고 있다.

KT …

경이로운 체험을 전하는
Wonder Creator

1981년 12월 한국전기통신공사로 발족한 KT는 2002년 정부 보유 지분을 전량 매각해 완전 민영화 체계를 갖추었다. 이후 3만 8000여 명의 전 임직원이 고객 중심적 사고로 무장해 유·무선 초고속 인터넷, 이동통신, 위성 및 데이터 통신을 비롯해 오늘날의 U-네트워킹 기반의 첨단 미래 기술까지 아우르는 세계적 수준의 우량 통신 기업으로 성장해왔다.

KT는 고객 감동 서비스 구현에 전사 역량을 집중하면서 '문 밖에 나서면 모든 사람을 큰 손님처럼 맞이하라_출문여견대빈(出門如見大賓)'란 의미로 고객을 이해하고, 내부 조직과 프로세스를 사업자 관점에서 고객 중심으로 선년 개편하는 등 고객에게 경이로운 감동과 경험을 제공하기 위해 노력했다.

특히 KT는 민영 2기 출범과 함께 창업의 각오로 변화와 혁신에 전념하

고 있으며, 고객에게 놀라움과 감동을 주는 'Wonder 경영'을 선언하고, 이를 실천하기 위해 '고객 관점, 주인의식, 열린 문화'를 모토로 고객 중심의 경영 활동을 적극 추진하고 있다.

고객이 새로운 고객 가치를 경험할 수 있도록 주부 고객을 위한 여성 CS 요원(메가미즈) 서비스, 상담부터 가설 및 A/S 완료에 이르기까지 단계별 서비스 진행 상태를 실시간으로 제공하는 서비스, 노약자를 위한 찾아가는 서비스 및 청각 장애인에 대한 문자 알림 서비스 등 고객 특성에 따른 맞춤형 서비스를 지속적으로 제공하고 있으며, 전사 차원에서 고객 중심의 대규모 CRM 혁신 프로젝트를 진행하고 있다.

고객 클레임 실시간 시스템 구현

7대 고객 클레임을 선정하고 고객 클레임 실시간 전달 처리 확인 시스템 구현을 통해 VOC 처리 담당자 안내 및 처리 전 과정을 SMS를 발송함으로써 고객의 궁금증 해소 및 불편사항 실시간 피드백을 통해 고객만족도 향상 및 경쟁사 대비 고객 클레임 발생률이 20.6% 감소했다.

감성 마케팅

고객의 니즈 충족을 위한 업무 처리 과정에서 불친절하거나 잘못된 업무 처리로 고객에게 불편을 드린 경우, 정중한 사과를 통한 감정적 보상으로 고객이 KT를 다시 보게 하는 기회를 만들어 실추된 KT의 이미지를 회복하고 신뢰도를 높였다.

24시간 서비스와 인터넷 주치의 제도

평일, 주간에 방문이 곤란한 맞벌이 및 주말 부부의 증가에 따라 휴일/야간 A/S를 개통하고 현재 수도권 지역에서 시범 운영 중이다. 또한 잦은 고객 방문에 따른 고객 불편 해소를 위해 고객이 지정하는 IT 엔지니어를 최우선적으로 방문 조치해 고객만족도가 향상되었다.

Mega-Miz(파랑새) 서비스 시행

전국 18개 도시(32닝)에서 운영하고 있는 '여성 엔지니어 애프터서비스(AS)' 제도인 '파랑새 서비스'로 올해 전국 70개사(100명)로 확대했다. 파랑새 서비스는 여성 정보 기술(IT) 기술자늘이 보는 서비스를 담당하는 서비스로 낮 시간에 단독 거주하는 여성 · 자녀 및 노약자가 느낄 수 있는 서비스 불안을 해결할 수 있는 차별화된 서비스를 제공하고 있다.

위대한 회사로 가기 위한 첫 길목에서 KT는 우선 고객, 주주 그리고 임직원들에게 감동을 주는 Wonder Creator로 다가서고자 한다. KT는 이제 만족의 단계를 넘어선 '감동'과 '경이로움'으로 고객의 일상생활이 행복해질 수 있도록 언제 어디서나 통신 서비스가 열려 있는 유비쿼터스 환경 속에서 차세대 이동통신, URC 로봇, 홈 네트워킹, 미디어, IT 서비스 그리고 디지털 콘텐츠 사업에 초점을 맞추고 있으며, 이를 기반으로 고객 가치를 창출하기 위해 노력하고 있다.

종합대상
대상

KTF …
Have a 굿타임!

1997년 1월 한국통신프리텔로 출범한 KTF는 1998년 10월 최단 기간에 최대 가입자를 기록하며 2000년 4월 기네스북에 등재될 만큼 세계적인 무선통신 사업자로 빠르게 성장해왔다. 2001년 5월 경쟁 통신사업자인 KTM.COM을 흡수 합병함으로써 가입자 기반을 더욱 굳건히 했고, 모든 이동통신사를 대상으로 번호이동성 제도가 완전히 개방된 2005년에는 굿타임 경영을 토대로 한 효과적이고 고객 친화적인 마케팅 활동을 펼쳐 가입자 규모가 1200만 명을 돌파했다. 또한 이와 함께 무선 데이터 매출의 지속적인 성장에 힘입어 매출 5조 82억 원으로 서비스 매출 5조원 시대를 열어 수익성과 미래 성장성을 동시에 확보했다.

KTF의 고객만족경영은 고객이 기대하는 그 이상의 특별한 경험을 제공

하고자 하는 새로운 고객 중심 경영인 '굿타임 경영' 추진으로 대표된다.

굿타임 경영의 효율적인 추진을 위해 CEO는 고객만족 전문 경영인 (CSO)을 자임하며 고객만족 활동을 솔선수범하고 고객 섬김 전문 경영인 (Chief Servant Officer)을 선언했으며, 전 임직원은 굿타임 크리에이터, 고객상담원은 굿타임 서포터로 역할을 분담해 일부 부서의 활동이 아닌 전사적 경영 방침으로 진행하고 있다.

이에 내부 굿타임서비스 추진 체계를 정립하고 외부 고객 인식제고를 위한 커뮤니케이션 활동을 전개하고, 2006년부터는 디자인 경영을 선포하고 매장, 단말기 등은 물론 눈에 보이지 않는 고객의 경험까지 새롭게 디자인하기 위해 노력하고 있다.

먼저 내부 굿타임 서비스 추진 체계 정립을 위해 모든 서비스를

Before, MOT, After 관리 체계를 통해 고객 중심의 최적 품질로 제공하도록 서비스 기획 단계부터 고객의 니즈에 맞게 개발하고, 고객과 만나는 채널에서 문제 해결 중심의 원스톱 서비스를 제공하며, 사후에 발생하는 문제를 신속하게 해결하기 위한 고객보호 체계를 운영, 채널과 사후 단계에서 발생하는 고객의 불편 및 요구사항을 서비스 기획 단계로 피드백하는 선순환을 이루고 있다.

일하는 사람에 대한 고객 중심적 변화

전 임직원이 일하는 기준은 '고객 입장에서 생각하고 행동하는 것'이다. 이를 위해 KTF는 체계적인 굿타임아카데미의 교육 시스템 및 다양한 프로그램과 이에 대한 공정한 평가, 보상 체계를 정립해 시행하고 있다. 또한 사내방송, 최고경영자와의 대화와 같은 커뮤니케이션 채널을 통해 굿타임에 대한 CSO의 생각을 전달하고, 직원의 의견을 수렴함으로써 전 임직원의 공감대를 형성해나가고 있다. Funny KTF 이벤트로 금난새 음악회 등 다양한 행사를 실시하며 즐거운 일터를 만들어 가고 있다.

고객 위주의 업무 처리

KTF는 고객의 소리에 즉각적으로 반응해 원스톱으로 신속하게 처리하는 것을 가장 우위에 두고 정확하고 친절하게 처리할 수 있는 업무 프로세스를 구축하고자 노력하고 있다. 이를 위해 가입 전 탐색부터 해지까지의 전 과정에서 고객 기대 대비 경험의 갭을 줄이기 위한 단계별 프로세스 개선을 지속적으로 추진하고 있다. 고객 불만에 대해 조치 후 정산 프로세스를 구축한 TT(Trouble Ticket) 시스템이 그 좋은 예라 할 수 있다. 고객의 소리(VOC)를 기반으로 서비스를 개선하기 위해 VOC 센터를 운영하며 비정형적인 불만 VOC를 해당 부서에서 피드백해 개선안을 추진하고 있다. 부서 간 연계로 지속적인 불만 VOC에 대한 프로세스 개선을 위해 VOC 협의회를 운영하고 있으며, 전사의 불만 VOC의 급격한 변화에 대한 신속한 대응을 위해 VOC 알람 제도도 운영하고 있다.

과학적인 CS경영을 위한 인프라

KTF는 고객관리 기간 시스템인 WISE를 바탕으로 ERP(자원관리), BEST(성과관리), Freenet KM(지식관리), VOC 시스템(고객의 소리) 등의 고객관리 인프라와 NetCommander(통신망관리) 등의 통화품질관리 시스템으로 효율적인 의사결정을 지원하고 있다. 특히 CRM 기반의 CS를 도입하기 위해 CRM 추진을 위한 조직을 구축하고, 고객 Profile 및 사용 패턴을 분석해 고객의 니즈에 맞는 상품/서비스를 최적 채널을 통해 적시에 제공, 영업-캠페인-고객 서비스가 통합적으로 제공되는 CRM 기반 마케팅 체계를 구축해 고객 가치 극대화를 추구한다. 이를 위해 CReaM 등 CRM 인프라를 도입했으며, 신규 및 기존 고객에게 맞는 최적의 요금, 단말기, 부가 서비스를 추천할 수 있는 상담지원 프로그램을 개발해 현장에 적용하고, 366가지 업무에 대해 상담업무 표준화, CReaM 자동화 등 시스템 기반의 고객 응대 통합 운영 체계를 구축하는 등 1 대 1 고객 지원 프로세스 정립, 채널별 응대 체계 통합 등의 CRM 기반을 갖추었다.

고객이 원하는 '1등 서비스 창출'을 통해 KTF가 제공하는 새롭고 즐거운 굿타임을 체감할 수 있도록 기존의 단순한 고객만족을 넘어 고객의 잠재된 욕구까지도 포착해 새롭고 즐거움을 제공하는 1등 서비스를 창출하고, 업계 최고로 평가받고 있는 고객만족 서비스는 물론 컨버전스 등 신규 사업 영역과 W-CDMA 등 차세대 서비스에서도 고객의 마음을 사로잡을 수 있는 서비스를 창출하고자 노력한다.

내부적으로는 6시그마를 전사적으로 지속 추진해 경영 품질을 글로벌 수준으로 높이고, 외부적으로는 디자인 경영을 통해 감성적 만족까지 제공하며, 고객 관점에서 회사의 프로세스를 바라보고, 고객이 원하는 수준으로 서비스를 향상시키는 것이 굿타임 경영 실현의 요체이다.

KTF는 지금까지의 성과를 바탕으로 앞으로도 지속적인 과제 수행과 교육을 통해 의식의 변화, 일하는 방식의 혁신을 통해 지속적인 변화와 혁신이 KTF의 DNA로 자리 잡도록 할 것이며, 단말기 등은 물론 보이지 않는 상품/서비스도 새롭게 디자인해 기능과 감성의 총체적 경험 만족을 느낄 수 있도록 최선을 다할 계획이다.

우리은행 …

고객 감동을 넘어
고객 열광으로

국내 최초로 복합금융센터를 개설하는 등 은행, 증권, 보험, 카드를 포함한 복합금융 서비스 체계를 갖추고, 고객의 니즈에 맞는 다양한 상품과 서비스를 제공하고 있는 우리은행.

우리은행(은행장 황영기)은 '우리人이 지켜야 할 4대 핵심 가치(고객, 도전, 정직, 인재) 중 '고객'을 첫 번째로 설정했다. 그리고 이러한 가치를 바탕으로 고객에 대한 헌신과 공감을 통해 고객과 함께하고자 노력하는 것을 우리은행 직원 모두의 존재 목적이라는 '고객 제일주의' 경영 철학을 전개해왔다.

이러한 노력의 일환으로 '2005년 고객 감동의 해', '2006년 고객 열광의 해'를 잇따라 선포하며 '고객 감동을 넘어 고객 열광으로'라는 캐치프

레이즈와 함께 고객 가치 혁신을 회사 경영 전면에 내걸었다.

실제로 우리은행은 이러한 가치를 실현하기 위해 다양한 제도 및 교육을 실시하고 있다.

예를 들면 은행장이 직접 '고객만족 1위 은행 달성을 위한 타운 미팅'을 정기적으로 주관해 전사적인 고객 중심 문화를 조성하고 있다. 또한 임원 및 간부사원들의 서비스 리더십 확보를 위한 '고객 열광 리더십 교육'을 실시하고 있기도 하다.

이뿐 아니다. CS 참여와 CS 붐 조성을 위한 'CS 리더' 및 'CS 리더스 클럽'을 운영하고 은행권 최초로 '서비스아카데미'를 설립했다. 서비스 아카데미에서는 고객 접점 현장 컨설팅 및 테마별 집합교육을 실시하고 있으며, 창구에서 고객 불편사항이 발생했을 때 현장에서 창구 직원 전결로 즉시 현금으로 보상하는 '고객 케어 24제도'를 운용하고 있다. 이는 고객 접점 직원들에게 더 많은 권한을 주어 신속한 고객만족을 실천할 수 있는 제도다. 또한 시스템 확충을 통해 실시간으로 거래 고객의 만족도를 점검하는 'Raving CS Call' 시스템을 도입하는 등 다양한 활동을 통해 고객만족도를 획기적으로 높이고 있다.

그 외에도 우리은행은 농촌마을 자매결연 및 교류 지점별 활동인 '1社1村 운동', 직원들이 직접 다양한 자원봉사 활동을 통해 어려운 이웃과 사랑을 나누는 'Together Woori 자원봉사 활동', 연간 순이익의 약 1%를 사회공헌 활동에 집행하는 '우리 사랑기금' 등 기업의 이익을 사회에 환원하는 나눔 경영을 실천하고 있다. 또한 거래 고객의 전문 역량 지원에도 나서고 있다. '고객사랑교실'을 무료로 운영하는 등 대내외적으로 고객의 가치 증진을 위한 노력들을 전개한다.

우리은행은 100여 년의 역사를 가진 상업은행과 한일은행이 1999년 합병하며 탄생한 대한민국 대표 토종 은행이다. 3년 연속 1조 원 이상의 당기순이익 실현에 이어 2006년에도 4년 연속 1조 원 이상 당기순이익 달성을 앞두고 있다. 이러한 수익력과 자산 건전성을 인정받아 2005년 이후 S&P 등 세계적인 신용평가기관들로부터 'A-' 등급을 받고 있다.

앞으로 이러한 경영상의 성과뿐 아니라 '기업의 핵심 경쟁력은 고객 가치의 혁신과 창출을 통해 고객으로부터 인정받는 것'이라는 평범한 진리를 되새기며, 고객의 기대에 한 발 더 다가서고 있다.

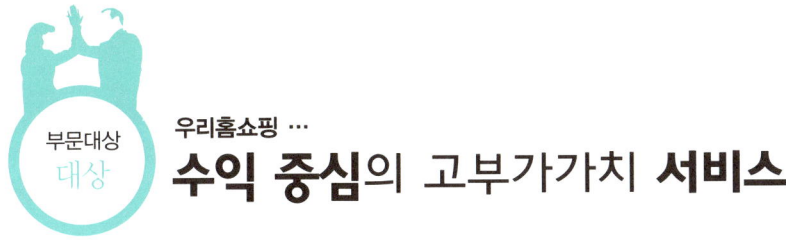

우리홈쇼핑 …

수익 중심의 고부가가치 서비스

'중소기업 육성', '지역경제 활성화'를 기치로 2001년 5월에 설립해 같은 해 9월 홈쇼핑 업계 최초로 서울, 부산의 이원화된 지역 밀착 TV홈쇼핑으로 출발한 우리홈쇼핑은 장기화되고 있는 경기 침체에도 불구하고 괄목할 만한 성장을 지속하고 있다.

우리홈쇼핑은 '고객에게 편리함과 즐거움을 제공하는 신유통 리더'라는 슬로건 아래 TV홈쇼핑 사업을 주력 사업으로 지속적인 경쟁력을 강화하되 올해 인터넷 쇼핑몰 분야 사업 비중을 18%에서 23%로 확대하고, 아울러 T-커머스, M-커머스, 해외 사업 등 신규 사업 분야에 진출해 신사업 비중도 늘려나갈 계획이다.

우리홈쇼핑은 2003년 7월에 홈쇼핑 업계 최초로 수익성이 좋지 않은 카탈로그 사업을 중단한 데 이어, 반품률이 높은 보석 상품 판매를 중단하

고 수익률이 낮은 대형 가전 판매 비중을 축소하는 등 '수익 중심 경영'을 펼쳐왔다.

우리홈쇼핑은 2006년을 '차별화'의 해로 정하고 고객만족 1등, 상품 경쟁력 강화, 미래 성장 동력 구축, 조직 역량 극대화 등을 4대 경영 방침으로 정했다.

우리홈쇼핑은 상품, 서비스, 배송, 가격 등 모든 분야에서 고객만족경영을 최우선으로 실천하고 있다.

이를 위해 우리홈쇼핑은 차별화된 CS 평가 체제 구축, CS 붐업, CS 교육과정 개발 등을 포함한 8대 혁신 실천 과제를 선정하고 이를 실행하기 위해 CSI 조사 및 상품 편성, 방송 반영, SVC 보상제도 효과, 원스톱 상담 SVC 개선 등의 활동을 전개해왔다. 이에 따라 가입 고객 수 증가, 고객만족도 개선, 상품 불만율 감소, 품질 불만율 개선, 브랜드 인지도 개선 등의 성과를 얻었다. 또한 고객 초청 간담회, 신상품 운영위원회 및 우리홈쇼핑 고객평가단 등을 통해 고객의 목소리에 귀를 기울이고, 상품 및 서비스 전반에 고객의 의견을 반영해 고객만족도를 높여왔다.

우리홈쇼핑은 고객이 믿고 찾을 수 있는 온라인 쇼핑센터로 자리매김하는 데 주력할 계획이다. 이를 위해 TV홈쇼핑 사업을 매출 및 수익 증대를 위한 주력 사업으로 지속 육성해나가고, 인터넷 쇼핑몰 우리닷컴을 미래 수종 사업으로 키워나갈 방침이다. 또한 급속도로 발전하는 디지털 방송 환경에 신속히 대응하고 기존 TV홈쇼핑, 인터넷 쇼핑몰 사업과의 시너지 창출을 위해 T커머스, M커머스, 디지털 멀티미디어 방송(DMB) 등 뉴미디어 사업도 적극 추진할 예정이다.

지난 8월 M-커머스 서비스 '모바일 우리홈쇼핑'을 론칭하고 본격적인 서비스에 들어간 우리홈쇼핑은 앞으로 TV홈쇼핑과 인터넷 쇼핑몰 상품 이외에 꽃배달 서비스, 모바일 티켓 등과 같은 모바일 쇼핑몰 전용 상품을 개발해 '모바일 우리홈쇼핑'을 유비쿼터스 쇼핑몰로 특화할 계획이다.

해외사업에 박차를 가하고 있는 우리홈쇼핑은 '모모홈쇼핑'을 통한 성공적인 대만 진출에 이어, 올해 3월에는 중국에 TV홈쇼핑 관련 경영 컨설팅과 방송기술을 전수하고 지분을 양도 받는 형태로 합작 법인을 설립했다. 우리홈쇼핑의 중국 홈쇼핑 합작 법인 설립은 별도의 자본금 투자 없이 해외 홈쇼핑 시장에 진출한 첫 사례로 한국의 우수한 홈쇼핑 사업 기술을 해외에서 인정받은 의미 있는 일로 평가받고 있다. 상해애구홈쇼핑은 지난

7월 시험방송을 시작으로 9월 4일부터 항주TV를 통해 본격적으로 정식 방송을 송출하고 있다.

우리홈쇼핑 정대종 대표는 "고객과 끊임없이 대화하며 경쟁사보다 시장의 흐름을 한 발 앞서 읽고 경영에 적극적으로 반영하는 차별화된 고객만족경영이 바로 우리홈쇼핑의 경쟁력"이라며, "고객만족경영을 더욱 강화해나가는 한편 '내실'과 '성장'을 동시에 달성하는 공격적 경영을 지속적으로 전개해 중장기적으로 성장해나갈 수 있는 기틀을 다지겠다"고 포부를 밝혔다.

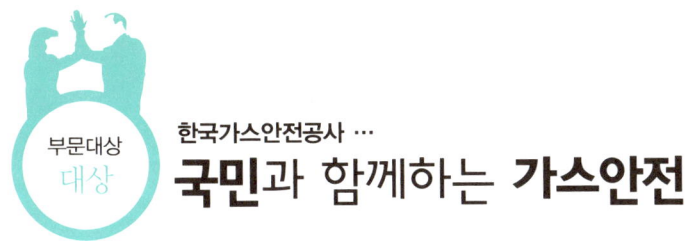

국민과 함께하는 **가스안전**

한국가스안전공사(이하 공사)는 지난 1974년 '가스의 위해로부터 국민의 생명과 재산을 보호한다'는 취지 아래 고압가스보안협회로 출범, 현재 본사 외에 가스안전연구개발원, 가스안전교육원 등 2개 부설기관과 27개 지역본부 및 지사를 운영하고 있는 국내 유일의 가스안전 전문 서비스 기업이다.

대단위 석유화학플랜트에서 가스 제품 및 사용시설에 이르기까지 선진 기술을 접목한 안전검사와 점검 서비스를 수행하는 한국가스안전공사는 연구개발, ISO 인증, 가스기술정보 서비스, 가스사고 조사 · 분석, 대국민 가스안전 홍보 및 교육사업 등을 지속적으로 추진해 최고의 가스안전 서비스로 국민과 업계로부터 신뢰받는 기업으로 다가서기 위해 최선의 노력을 기울이고 있다.

　공사는 국민에게 사랑받는 '세계 제일의 가스안전 서비스 기업'이라는 비전 아래 고객 응대 매뉴얼 제작, 서비스 교육, 고품격·고품질 검사 서비스 제공을 위한 각종 개선활동 등을 전개해왔다. 또한 21세기 무한경쟁시대에는 경영 환경이 기업 중심에서 고객 중심으로 변화하고, 고객의 서비스 품질 요구 수준이 향상된다는 등의 대내외 환경 변화를 타 공공기관과 달리 신속히 인식, '고객 감동을 선도하는 가스안전 서비스 기업'이라는 CS 비전 등 CS 이념 체계를 재정립하고 고객 서비스 헌장을 재선포하는 등 2004년부터 본격적으로 고객만족경영을 추진해오고 있다.

　2003년에 조직개편을 단행하며 고객지원 업무 전담 부서로 고객지원처를 신설, 고객지향적인 업무 개선을 통해 고객만족경영이 뿌리를 내리도록 혼신의 노력을 기울이고 있다. 전 임직원의 서비스 마인드와 지식 체화를 위해 천안의 가스안전교육원에 서비스 교육 전담 부서로 서비스 교육 팀을 조직·운영하며 다음과 같은 분야별 주요 고객만족 활동사례를 보이고 있다.

첫째, 고객만족경영 기반 조성을 위해 CSM 컨설팅을 통해 최적의 고객만족경영 모델을 도출했다. 또한 주요 고객 접점 분야인 공사 전화 시스템을 개선해 기존의 ARS를 철거하고 지역본부(지사)의 전화회선을 증설함과 동시에 고객 전용 전국 단일 대표전화 1544-4500(사고제로)을 도입, 고객들로부터 호평을 받는 등 고객 지향적인 공사 이미지를 제고하고 있다.

둘째, 경영진의 적극적인 관심과 지속적인 조직 구성원에 대한 고객만족 서비스 마인드 전환 및 실천 교육이 요구되는 만큼 '고객만족 서비스 교육 프로그램'을 마련해 CEO를 포함한 모든 임직원에 대한 서비스 교육을 실시하고 있다.

셋째, 고객 지향적 기업 이미지 구축을 위해 고객 접점의 중요한 분야인 공사 홈페이지와 인트라넷 VOC 관리 시스템을 강화했고, 이를 이용한 적극적인 서비스 제공을 위해 '고객 제안 특별 이벤트'를 추진하고 있다.

넷째, 고객만족도 향상을 위해 본사 및 지역본부(지사)에 고객지원센터 및 고객상담실을 설치하고 고객 전용 주차장을 마련했으며, 방문 시 통과 절차를 대폭 간소화했다. 또한 본사에 별도의 고객 접견실을 설치하고 친절 노우미를 채용해 방문 고객에게 편의를 제공하고 있다.

다섯째, 고객만족경영의 피드백과 활성화를 위해 CS 평가 시스템을 마련해 시행하고, '분기 CS 스타' 및 'CS 스타 중의 스타' 선발 및 포상, CS

수기 공모 및 포상, CS 제안 공모, CS CoP 운영 등을 실시하고 있다. 연말에는 CS 혁신 우수 사례 경진대회도 개최할 계획이다.

공사는 '혁신을 통한 고객 가치 창조'를 기조로 가스 소비자와 사업자 그리고 공사가 삼위일체가 되어 함께하는 안전관리 활동, 즉 '국민과 함께하는 가스안전'을 혁신의 기본 방향으로 세우고 가스업계 및 공공기관의 CS를 선도하고 있다.

대표적인 활동으로 가스안전기기 무료보급 등 취약시설 및 소외계층의 가스시설 개선, 가스의 품질검사 등 사회적 책무의 경영을 접목한 혁신을 들 수 있다. 또한 취약 가스시설 안전관리자와 공동으로 전반적인 안전관리를 수행하는 JSA(공동안전관리운동), 도시가스 소비자 민원의 신속한 처리와 감소를 위해 도입한 자발적협약, LP가스 소비자에게 질 높은 서비스를 제공하고 판매업소 경쟁력 제고를 위해 도입·운영 중인 우수 판매업소 인증 마크 제도, 부적합 시설 경진대회, 약 980만 대의 가정용 가스보일러 D/B 구축으로 취약 가스보일러 사고 예방 등 다양한 측면에서 고객인 소비자 및 가스업계를 지원하는 고객 지향적 프로세스 혁신 활동을 하고 있다.

앞으로도 CSM 자체 분석과 컨설팅을 통해 마련한 중장기 CS 전략과 실행 방안을 적극 추진해 전사 CS활동을 효과적으로 개선·발전시키고, CSM 체제를 확고히 정착시켜 국민과 고객으로부터 사랑받는 고객만족 공공기관으로 자리매김할 수 있도록 지속적으로 노력할 계획이다.

한국증권업협회 …

동북아 금융 허브의
꿈을 실현한다

한국증권업협회(이하 증협)는 증권 산업의 경쟁력 제고 및 글로벌 네트워크 등 증권 산업의 체질 강화를 위한 Think Tank 역할을 수행하고 있다. 또한 프리보드 시장과 투자자 교육협의회를 발족하고, 회원사 인재 육성 지원 강화와 대국민 증시 홍보사업에 역량을 집중하는 등 장기적 관점에서 증권 산업 이미지 제고를 위해 노력하고 있다.

1953년 11월 25일 대한증권업협회로 창립한 이래 지난 50여 년간 한국증권연수원 개원, 증권시장안정기금 발족, 한국증권경제연구원 설립, 코스닥 시장 운영 및 아산증권연수원 건립 등 한국 증권 산업 발전의 선두에서 열과 성을 다해왔다. 또한 급변하는 대내외 환경 변화에 대응하며 국제교류와 선진 금융제도 도입 등을 통한 실질적 금융 국제화 추진, 증권 산업의 핵심 인력 육성, 투자자 보호 장치 마련과 시장 여건의 개선 등 증권시

장의 선진화와 증권 산업 발전에 앞장서고 있으며, 단순한 회원단체를 넘어 주요 정책 건의 및 연구기관으로서 힘차게 발돋움하고 있다.

한국증권업협회는 KMAC가 주관하는 2006년 제14회 대한민국 고객만족경영대상에 응모해 사회가치 혁신 부문에서 영예의 대상을 수상하게 되었다. 증협은 전년도에도 고객 서비스 혁신 부문에서 최우수상을 수상한 바 있는데, 고객만족경영을 시작한 지 불과 2년여 만에 최우수상과 대상을 연이어 수상한 전례는 본 시장 제도가 도입된 이래 두 번째로 매우 이례적이라 할 수 있다

증협이 이번에 수상한 사회가치 혁신 부문은 최근 우리나라에서 그 중요성이 크게 부각되고 있는 기업의 사회적 책임을 고객만족 차원에서 어느

정도 수행하는지를 평가하는 분야인데 공공 및 행정 서비스 부문에서 회원 단체로 대상을 수상한 기업은 증협이 최초다.

증협의 이러한 괄목할 만한 성장은 2004년 고객만족경영 선포식을 갖고 체계적이고 지속적인 고객만족경영을 추진해온 성과다.

일차적으로 임직원의 대고객 서비스 마인드 제고가 중요하다고 판단하고 대대적인 T&C(Transformation & Customer Satisfaction) 운동을 전개했는데 이는 점진적 의식 개혁을 통해 고객만족 운동을 완수하는 프로그램이다.

또한 임직원 의식 개혁을 위해 고객만족 헌장 제정 및 고객 지향적 업무 프로세스 도입을 위해 매달 부서 단위의 경영 혁신 토론을 실시하고, 고객의 니즈를 정확히 파악하고자 정기적 전화 모니터링 실시와 설문을 통한 고객만족도 조사 등 상시적 평가 시스템을 지속적으로 구축해왔다.

이와 같은 고객만족 시스템 가동을 통해 증권 산업의 현안을 폭넓게 수렴하고 그 대안을 정부에 건의해 정책에 반영하는 등 증권시장 저변 확대에도 많은 노력을 기울여왔다. 그 결과 업계 숙원사업이던 증권업의 신탁업 진출, 기금관리 기본법 개정을 통한 증권시장 수요 확대, 적립식 증권저축을 통한 장기투자 문화 선도, 그리고 증권 산업의 국제 경쟁력 제고와 동북아 금융 허브의 꿈을 실현시킬 수 있는 정부의 자본시장법 개정에도 적극 참여함으로써 증권시장의 경쟁력 제고에도 이바지했다.

증협은 기업의 사회적 책임을 위한 활동에도 많은 노력을 기울이고 있다. 소년소녀 가장 돕기, 증협 직원의 자발적 동아리인 '나누미'를 통한 지체 부자유 어린이 봉사활동, 농촌 사랑 1사 1촌 자매결연 맺기와 더불어 연말에는 불우이웃 돕기 증권업계 공동 자선음악회를 열고 있다.

이후에도 증협은 소외계층에 대한 무료 금융교육을 전면 확대하고 건전한 투자자 양성에 힘쓰는 한편 국내 자본시장 및 증권 산업의 글로벌 경쟁력 강화를 위해 역량을 집중할 계획이다.

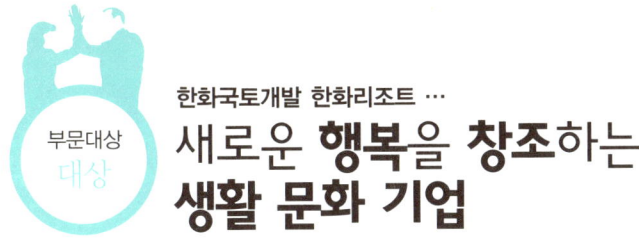

한화국토개발 한화리조트 …

새로운 **행복**을 **창조**하는 생활 문화 기업

부문대상
대상

한화국토개발의 한화리조트는 1979년 국내 최초의 콘도미니엄 건설로 레저 분야에 첫발을 디딘 이래 비약적인 발전을 거듭해왔다. 현재 국내 최대 규모의 직영 콘도 체인과 골프장을 운영하고 있는 국내 최고의 전문 레저 브랜드로 국내 12곳에서 운영 중인 직영 리조트를 통해 한 차원 높은 여가 문화를 창조하고 있다. 특히 회원제 골프장인 용인 프라자CC, 설악 프라자CC, 춘천 제이드팰리스GC, 일본 나가사키 오션팰리스GC와 퍼블릭 골프장인 제주 봉개프라자CC는 국제적으로 최고 수준의 코스와 시설을 자랑하는 골프장으로서 레저와 비즈니스 골프에 모두 적합하다는 호평을 받고 있다. 이뿐만 아니라 각종 테마파크인 설악 워터피아, 경주 스프링돔, 제주 테라피센터의 운영을 통해 고객이 원하는 다양한 레저 활동을 즐길 수 있도록 돕고 있으며, 여기에 민간기업 차원에서는 처음으로 설악한

화리조트에 대규모 대조영 오픈 세트장(씨네라마)을 유치해 해당 지역의 관광 활성화와 영상산업 지원 분야에도 새로운 모델을 제시할 것으로 기대를 모으고 있다.

한화리조트는 '새로운 행복을 창조하는 생활 문화 기업'이라는 비전 아래 1995년 고객만족경영을 도입한 이후 각종 친절 서비스 교육 및 제도, 객실/시설 리뉴얼 및 고급화, 신규 사업장의 지속적인 개발 등을 통해 고객의 니즈에 발 맞추기 위한 많은 노력들을 전개해왔다.

한화리조트는 이에 만족하지 않고 2002년 고객만족경영 재선포를 통해 '고객의 기쁨과 행복을 창조하는 한화리조트'라는 CS 이념 및 'Hi-Touch & One Stop Service'라는 서비스 비전을 수립하고 친절 서비스의 향상만이 아니라 경영의 모든 활동을 고객 중심으로 운영하는 총체적 고객만족경영(TCSM)과 고객지향기업 문화를 만들어가고 있다.

이어 2004년 3월에는 전 직원의 의견을 수렴해 'HLDC VISION 2015'를 수립, 선포하고 이를 달성하기 위한 주요 전략으로 '新고객만족경영'을 채택해 고객만족을 위한 경영 활동에 더욱 박차를 가하고 있다.

한화리조트는 '고품위 서비스를 능동적으로 실천하는 균질화된 프로 서비스맨 육성'을 목표로 서비스 기본 예절 과정, 서비스 Skill Up 과정, 서비스 Master 과정, 서비스 사내 강사 양성 과정 등 체계화된 CS 교육을 실시하고 있다. 또한 체계적인 친절 서비스 문화를 구축하기 위한 다양한 제도도 도입하고 친절 서비스를 시스템으로 향상하기 위해 고객 접점 직원에 대한 상시 서비스 평가제(서비스 리더 제도, ISP System ; Individual Service Point System)를 인사평가와 연계해서 실시하고 있다. 매년 선발된 우수 친절사원, 서비스 리더 및 사업장 CS 담당자를 대상으로 '최고의 서비스를 받아본 자만이 최고의 서비스를 할 수 있다'는 서비스 명제 실현을 위해 매년 해외 서비스 체험 연수를 실시해 직원들의 서비스 안목 향상을 꾀하고 있다. 또 회원들을 대상으로 회원 모니터, 누구나 참여 가능한 홈페이지의 사이버 모니터, Happy Mail, Happy Call, Catch-up VOC 제도 등 다양한 고객의 소리 청취체제를 운영해 고객들의 진솔한 의견을 듣고, 이렇게 축적된 고객의 소리를 통해 고객 불만 예보제를 실시, 사전에 고객 불만 요소를 제거하기 위해 노력하고 있다.

이외에도 고객의 말씀 경청회, CS경영위원회를 통해 고객의 의견이 경영에 적극 반영되도록 함으로써 고객 위주의 예약 시스템 및 제도 개선, 투숙 관리 규정 개선, 고객만족 보증제 실시 등 실질적인 개선 효과를 보고 있다.

한화리조트는 전사적인 CS경영 체제 확립 및 서비스 마인드 붐업을 위한 각종 이벤트도 지속적으로 실시하고 있다. 먼저 사업장별로 다양한 고객 이벤트 행사를 마련해 한화리조트를 찾는 고객들에게 좀 더 많은 놀거리, 볼거리를 제공하고 있으며, 고객과 함께 새로운 레저 문화를 만들어가는 '콘도 新문화 운동'을 전개하고 있다. 콘도 新문화 운동은 생활 수준의 향상에 발맞춰 고객 모두의 권리가 존중되는 건전하고 쾌적한 여가 문화 정착을 위한 것이다. 국내 리딩 레저 업체로서의 사명과 책임을 다하고자 레저 업계 전체의 운동으로 확산시키기 위해 노력하고, 또한 내부적으로 CS Festival 및 전 임직원 CS 혁신 한마음 과정을 격년으로 실시해 전사적인 친절 서비스 의식을 고취하고 있다.

한화리조트는 '가족사랑'을 회사가 창출해야 할 핵심 가치로 삼고 경영 전반에 걸쳐 가족사랑에 바탕을 둔 고객 지향적 의사결정에 역량을 집중시켜 나가고 있다. 이를 달성하기 위한 차별화 전략은 한마디로 '엔터테인 리조트를 추구하는 PO 서비스'라고 말할 수 있다. PO(Program Organizer) 서비스는 웰컴파티, 러브포에버, 스포츠액티비티 등의 다양한 콘텐츠를 통해 고객이 레저 활동을 좀 더 다채롭게 즐길 수 있고, 지불한 대가 이상의 만족한 서비스를 받을 수 있게 하는 한화리조트만의 차별화된 전략 프로그램이다. 이는 과거 국내에서는 볼 수 없었던 서비스 전략으로 우리나라 레저 문화의 새로운 패러다임으로 자리매김할 것으로 예상된다.

미래학자들은 미래사회는 지식 정보화 시대를 넘어 꿈과 감성이 지배하는 드림 소사이어티가 도래할 것으로 예견하고 있다. 고객들은 이미 합리적인 이성보다는 감성에 의존하는 소비 형태를 보이고 있으며, 그것에서 꿈과 이야기를 기대하고 의미를 부여하고자 한다. 한화리조트는 'Make Your Own Story'라는 캐치프레이즈로 고객들의 소중한 추억을 만들어내기 위한 새로운 시도를 통해 레저 업계의 블루오션을 창출하고 있다.

또한 국내 최고에 머물지 않고 세계적인 레저 기업으로 도약하기 위한 준비를 하고 있다. 30여 년간의 관광 레저 사업에 대해 사업 기획부터 건설, 운영까지 전 부문에서 선택적인 노하우를 갖춘 한화리조트는 대조영 오픈 세트장인 설악씨네라마와 같은 다양한 문화 콘텐츠와 고품격 커뮤니티를 제공, 새로운 레저 문화를 창조해 고객에게 더욱 사랑받는 기업으로 다가갈 계획이다.

Ready? Action!

1922년 조선화재해상보험주식회사 설립을 시작으로 1950년 동양화재해상보험회사, 2005년 현재의 메리츠화재로 상호를 변경했다. 고객과 더불어 84년을 함께해온 메리츠화재는 시장과 고객의 변화에 능동적으로 대응하고, 고객 가치 기반의 상품 및 서비스를 제공하기 위해 끊임없이 노력하고 있다. 이를 위해 2005년 10월 회사명과 CI를 변경하면서 '고객을 위한 지속적인 혁신과 미래를 향한 투명한 경영으로 수익성 있는 성장을 달성하는 바르고 알찬 전문 금융회사'라는 고객 지향적 비전을 선포했다. 특히 서비스 브랜드인 '레디(Ready)'를 구축함으로써 '고객을 위해 항상 준비되어 있는 보험사'의 이미지를 공고히 다져가고 있다. 또한 고객에게 신뢰받는 기업, 편리하고 실질적인 혜택을 많이 제공하는 기업이 되기 위한 고객만족경영에 앞장서고 있다.

　메리츠화재는 빠르게 변화되는 고객 니즈에 꼭 맞는 최상의 고객 서비스를 제공하기 위해 기업 문화와 시스템을 고객 중심으로 새롭게 혁신해나가고 있다.

　고객 서비스 기능의 최적화를 위해 콜센터의 고객 통합 콘택트센터화를 실현했으며, 원스톱 서비스 실현 및 고객의 통화 연결률 향상을 위해 제2 고객 콘택트센터를 열었다. 또한 소액보험금 유선청구 지급 제도 및 신속 보상팀을 운영해 신속하고 편리한 보험금 지급 서비스를 제공하고 있다.

　메리츠화재 전 임직원은 상품과 서비스 개발 등 모든 업무의 출발점을 고객 니즈에 두고자 최선을 다하고 있다. 서비스에 대한 고객 가치 조사를 통해 고객이 한 장의 카드로 영화/외식/레저 등 여러 제휴 서비스를 통합적으로 사용할 수 있는 업계 최초의 통합 멤버십 서비스인 '메리츠 멤버십 서비스'를 도입해 고객에게 실질적인 혜택을 제공하고자 노력하고 있다. 또한 우수 고객의 니즈를 반영해 전용 콜센터 및 전담 보상 컨설턴트 제도를 운영하고, 우수 고객 자녀를 대상으로 '해병대 캠프 및 스키 캠프'를 개최하는 등 우수 고객 서비스를 강화하고 있다.

또한 가족 중시 문화를 통한 임직원 만족 경영을 위해 '자녀사랑·가족사랑 프로그램'과 '신입사원 가족 초청 페스티벌', '신임 과장 부부동반 디너파티'를 개최하고, 'Ready Mates 나눔 경영'이라는 이름으로 전 임직원과 영업 가족이 사랑의 밥퍼, 사랑의 연탄 배달, 사랑과 희망의 어린이 축제 등에 참여해 소외된 이웃에게 꾸준히 사랑을 전파하고 있다.

메리츠화재의 비전은 '고객을 위한 끊임없는 혁신을 통해 업계 수익성 1위, 투명성 1위, 나아가 기업 가치 1위'가 되는 것이다. 이러한 목표를 달성하기 위해 고객 중심의 서비스 자원 최적화 및 서비스 프로세스 재구축을 진행하고 있으며, 고객이 어떤 서비스를 받았고 어떤 접촉이 있었는지를 통합 관리함으로써 접점 응대력을 개선하는 '고객 서비스 통합 관리 시스템'과 고객에게 안전하고 편리한 안내 서비스를 제공하기 위해 '전자통지 서비스'를 시행할 예정이다.

앞으로도 메리츠화재는 '고객만족이 회사가 지향하는 최상의 가치임을 깊이 인식하고 모든 행동과 판단의 기준을 고객의 감동과 삶의 질을 높이는 데 둔다'는 고객과의 약속을 꾸준히 지켜나갈 것이다.

신용보증기금 …
BEST Partner
for Enterprises

코딧(KODIT) 신용보증기금은 담보 능력이 미약한 기업의 채무 보증과 신용정보의 효율적인 관리·운용을 통해 균형 있는 국민경제 발전에 기여하기 위해 '신용보증기금법'이란 특별법 제정으로 1976년 6월에 창립된 비영리 특수법인(정책금융기관)이다. 설립 당시 1000여 개 업체, 1000억 원에 불과했던 신용보증 규모는 2005년 말 22만여 개 업체, 30조 원에 이르는 등 비약적인 성장을 거듭해 국내는 물론 세계적으로도 가장 앞서가는 신용보증기관의 하나로 성장 발전했다.

코딧의 CS경영은 '고객은 업무의 출발지이자 목적지'라는 명확한 인식에서 출발했다. '고객으로부터 사랑받은 코딧'을 목표로 삼았던 'We Partner 2002 캠페인'을 시작으로, '국민과 고객으로부터 신뢰받는 윤리 코딧, 감동 코딧의 정착'을 목표로 하는 'Clean For You 2006 캠페인'

에 이르기까지 고객 및 사회 가치 혁신 프로그램을 전사적으로 전개함으로써 고객 서비스 최우수 공공기관으로 거듭나기 위해 모든 역량을 집중하고 있다.

코딧은 고객으로부터 최고의 파트너로 인정받기 위한 구체적인 실천 방안을 수립하기 위해 CS 비전(BEST Partner for Enterprises)과 CS 목표(고객 서비스 최우수 공공기관)를 설정하고 있다.

CS 비전과 목표 달성을 위해 기업에게 가장 이롭고(Beneficial), 효율적이고(Efficient), 만족스러운(Satisfactory) 맞춤형(Tailored) 서비스를 제공하는 한편 고객을 최고로 섬기는 감동 경영, 고객의 잠재 역량을 발굴하는 가치 경영, 고객의 니즈 변화를 주도하는 미래 경영이라는 CS 정책 아래 효율적이고 체계적인 고객 감동 경영을 추진하고 있다.

고객 지향적인 인재 육성

시설과 물리적 환경을 개선한다고 해도 종업원의 마인드가 고객 지향적으로 바뀌지 않는 한 고객만족경영은 요원하지만 과거부터 실시해오던 외부 전문 강사를 통한 CS 교육은 코딧의 특성을 반영하기에는 부적합한 편이었다. 이에 코딧은 조직 내부의 실정과 업무에 해박하고 CS 마인드가 우수한 직원을 선발해 국내 최고 수준의 CS 전문기관 위탁 교육을 통해 사내 강사로 양성했다. 그리고 이들로 서비스 의료진인 CS 클리닉을 구성, 각 영업점 환경과 지역 특성을 고려하며 취약 부분에 대한 맞춤식 클리닉을 실시하는 '영업점 방문 클리닉'과 직원들에게 수시로 실시하는 집합 연수시간에 CS 교육을 의무적으로 받도록 하는 '집합 클리닉'을 실시하고 있다.

참여하고 신명나는 CS 문화 정착

코딧은 매년 정기적으로 실시하는 CS Festival을 통해 CS 우수 사례, 수기, 서비스 표준 등을 공모함으로써 CS에 대한 직원의 관심과 참여를 유도해 고객 중심·고객 지향적 조직 문화 정착에 힘쓰고 있다. 또 사내 인트라넷인 Oasis 내에 마음이 따뜻해지는 글을 게시하는 '맑은 샘' 코너를 운영함으로써 직원들의 감성을 관리하며 윤리경영의 기초를 보강하고 CS 마인드를 향상시키는 한편, 코딧의 주 고객인 중소기업의 경영 실태와 작업 환경을 현장에서 직접 몸으로 체험하고 이해하기 위해 중소기업 현장봉사단을 운용하고 있다.

그리고 사회공헌 활동 운용 지침을 제정하고 전국 9개 지부에 이웃사랑 나눔단을 결성, 지속적인 사회공헌 활동을 실시하는 등 종업원 모두가 자발적으로 CS에 관심을 갖고 신명나게 참여하며 즐기는 문화를 정착시키기 위해 다양한 내용의 활동을 전개하고 있다.

효율적인 고객 응대 방안 마련

고객 서비스 표준 매뉴얼 및 민원처리 업무 매뉴얼을 제작하고 교육을 통해 다양한 고객의 요구에 효율적으로 부응하고 있다. 한편 각 분야의 전문가로 구성된 열린 코딧 참여위원회를 고객 의견을 직접 수렴하는 CS경영 정책의 창구로 활용하고 있다. 또한 고객 특별 제안을 통해 외부 고객의 의견을 수렴해 CS 제도, 정책에 반영하고 있는 등 보다 효율적이고 향상된 고객 응대와 고객 의견 수렴 창구의 활성화에 힘쓰고 있다.

심사업무를 위주로 하는 코딧은 이후에도 국민과 고객으로부터 신뢰받는 윤리 코딧, 감동 코딧으로 정착해 고객 서비스 최우수 공공기관이라는 목표를 위해 역량을 집중할 계획이다.

국가 에너지의 터줏대감

부문대상 최우수상

한전KPS …

전기 없는 세상을 상상할 수 있을까? 1887년 경복궁 내 건천궁에 처음으로 전등이 켜진 이래 전기를 통해 지금의 모든 산업과 생활이 이루어진다고 할 정도로 전기는 우리에게 필수 불가결한 에너지가 되었다.

국가 에너지의 근간인 전력설비의 효율적 유지 · 관리를 목적으로 설립된 한전KPS는 발전설비, 송변전설비, 산업설비 등에 대한 고품질 유지정비 서비스를 제공하는 종합 플랜트 서비스전문회사이다.

한전KPS는 2005년 함윤상 사장 취임 이래 정비시장 개방 등 경영환경 변화에 대처하여 한국전력 그룹사이며 우량 공기업임에도 불구하고 고객만족만이 살 길이라는 각오를 다지면서 '최상의 고객가치 창출'을 경영방침으로 정하고 역량을 결집하였다.

한전KPS는 고객의 설비를 최상의 상태로 운전할 수 있도록 체계적 품

질경영 시스템 및 예측정비체제 운영, 계획예방정비공사 최적화 등을 통하여 전국에 산재한 다국적 다기종 발전설비가 단 한건의 고장 발생이 없도록 무결점 정비서비스를 제공하고, 고객에게 새로운 가치를 창출하기 위한 미래 핵심기술 확보 및 인재육성에 박차를 가하고 있다.

한전KPS형 CS경영혁신

우수한 인적자원과 높은 품질수준에도 불구하고 한전KPS는 고객에 대한 인식에 취약했다. 한전KPS의 가장 큰 고객은 발전회사들인데 한전으로부터 6개 발전회사로 분리되기 전까지 모-자회사 관계에 있었기 때문에 직원들 사이에 고객이라는 인식이 희박한 것이 사실이었다. 이를 변화시키는데 함윤상 사장의 노력이 절대적 영향을 미쳤다.

"고객의 변화를 따라잡고 고객으로부터 존재가치를 인정받지 못하면 살아남을 수 없다", "혁신이란 고객을 위해 전정한 서비스를 제공하는 것으로 정비는 한전KPS가 아니면 안 된다는 인식이 고객들 사이에 자리 잡을 수 있도록 탁월한 품질과 겸손한 자세로 최선을 다하자." 2005년 4월 취임하자마자 함윤상 사장은 직원들에게 고객의 중요성에 대해 끊임없이 강조했다. 또 현장순회 혁신토론회를 통해 직원들이 느끼는 고객만족 활동의 방향과 어려움을 직접 듣고 해결책을 함께 고민했다. 직원들의 고객에 대한 마인드가 서서히 변하기 시작한 것은 이때부터였다. 때맞춰 고객만족경영에 대한 체계를 정립하고 구체적인 프로그램들을 실행하기 시작했다.

ACT(Always Customer Together) KPS

이러한 노력에 힘입어 2002년 이후 지속적으로 하락하던 한전KPS의 고객만족도는 2005년을 시작으로 급상승 반전하였으며, 2006년에는 전년대비 10점이 상승하여 93점이라는 경이적인 만족도 점수를 나타내었다. 그러나 한전KPS는 이에 만족하지 않고 더 높은 목표를 달성하기 위해 새로운 출발을 시작한다. 2006년 8월 중장기 전략경영계획인 'ACT KPS 2015'를 수립하고 실행에 들어간 것이다. 'ACT KPS 2015'는 '언제나 고객과 함께하여, 2015년 세계시장 1위를 목표로 무한한 열정을 가지고 지속성장을 실현하자(Always Customer Together, Keep No.1, Possess Passion, Sustainable Growth 2015)'는 의미로 고객만족, 혁신추구, 기술중시, 인재육성, 세계지향이라는 핵심가치를 기반으로 하고 있다. 경영 · 영업 · 사업 · 기술 · 인력부문별로 10대 중점과제 및 38개 실천

과제를 설정하여 추진하고 있다. 이를 통하여 한전KPS는 계속기업으로서의 CS혁신 및 윤리경영을 실현하고 신성장동력 확보, 선진 정비엔지니어링 기술 확립, 체계적 핵심기술인력 양성을 통한 매출액 1조 원 대의 글로벌 정비회사를 목표로 하고 있다.

지금 한전KPS는 2015년 '세계 최고의 종합 플랜트서비스회사'로의 도약을 위해 모든 역량을 결집하고 있다. '최상의 고객가치 창출'이라는 경영방침은 여전히 모든 노력의 플랫폼이다.

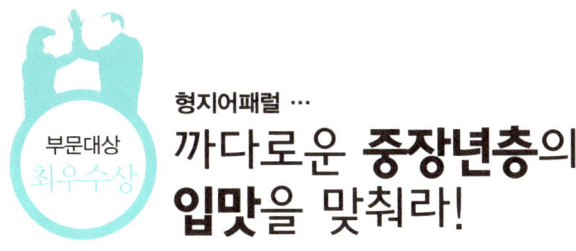

부문대상
최우수상

까다로운 **중장년층**의 **입맛**을 맞춰라!

형지어패럴은 '행복한 여성 패션 문화 창출'을 기치로 여성 어덜트 캐주얼 1위 기업으로 성장해왔다. 합리적 가격의 여성 캐주얼 브랜드 '여성 크로커다일'로 블루오션을 창출하며 단일 브랜드 최대 매출액과 유통망을 단기간에 달성하는 쾌거를 이룬 것이다. 최병오 대표는 200여 명의 종업원과 함께 고객만족경영을 확대에도 꾸준한 노력을 기울이며 패션 산업의 발전에 일조해오고 있으며, 이를 통해 2004년 제18회 섬유의 날에는 모범경영인 부문 철탑산업훈장을 수훈하기도 했다.

형지어패럴은 올 2월부터 전국 유명 백화점 매장으로도 진출하면서 고객과의 접점을 디욱 넓히고 브랜드 가치를 높이는 데 주력하고 있다. 특히 형지어패럴의 합리적 여성 캐주얼인 '여성 크로커다일'은 적극적인 고객만족경영으로 괄목할 만한 성과를 이끌어왔다.

첫째, 10~20대 중심의 영캐주얼 일색이던 시장에 30~50대에 이르는 중장년 여성들이 부담 없이 입을 수 있는 새로운 브랜드를 창출해내면서 그들의 구미에 맞는 마케팅 활동을 전개했다. 고객의 입장에서 그들의 가장 큰 욕구를 제품으로 충족시켰던 것. 중장년 타깃의 체형에 맞아 편안하면서도 세련된 이미지를 연출할 수 있는 디자인을 개발하고, 알뜰하고 꼼꼼한 미시층의 입맛에 맞게 고급 소재를 사용하면서도 대량생산을 통해 가격 경쟁력을 높여 합리적인 가격대를 제시했다.

둘째, 전국 320여 개의 매장 유통망을 고객의 소리를 듣고 적극적으로 응대하는 채널로 활용함으로써 고객 서비스를 극대화시켰다. 각 매장의 판매원들과 점주들에게 체계적인 CS 교육을 실시하고 별도의 전산 시스템을 통해 매장 현장에 대한 적극적인 커뮤니케이션을 실시함으로써 매장 접점에서의 고객 관리가 효율적으로 이뤄질 수 있도록 했으며, 고객들이 인근의 매장을 통해 손쉽게 A/S를 비롯한 다양한 요청 및 건의를 할 수 있도록 운영하고 있다.

셋째, 고객 세분화와 고객 데이터에 대한 심도 있는 분석으로 각각의 세분화된 타깃에 맞는 활동을 전개함으로써 맴버십 제도를 강화했다. 타깃의 특성에 맞는 DM과 SMS 발송은 물론 구매 패턴에 맞는 쇼핑 제안까지 CRM 전략과 실행은 강화하면서 즉각적인 판매 촉진과 연결될 수 있는 마케팅 활동을 추진, 매출과 고객만족을 동시에 증대시키는 성과를 이루었다.

넷째, 형지어패럴은 외부 고객뿐 아니라 내부 고객인 직원과 협력업체들을 대상으로도 만족도 제고 활동을 실시하면서 보다 근본적인 고객만족경영을 추진해왔다. 성과급과 상여금 제공 등의 기업 이윤 공유는 물론 주 5일제 실시와 동호회 활동을 비롯한 복리후생 강화를 통해 직원의 만족도를 높였으며, 정기적인 내부 교육과 우수사원 해외 연수 등의 혜택을 통해 근로자 가치를 높이는 활동을 추진해왔다. 또한 협력업체 결제 조건 완화와 업무 효율 개선은 물론 별도의 정기적 협력업체 간담회를 통한 의견 수렴 및 개선 활동을 통해 협력업체의 만족도를 높여왔다.

마지막으로 형지어패럴은 수익의 일부를 지속적인 사회공헌 활동을 통해 국민에게 환원하는 나눔 경영을 통해 사회 전체를 대상으로 한 고객만족경영에도 주력하고 있다. 특히 기업의 일방적인 기부가 아닌 기업-매장-소비자 공동 참여를 통해 나눔을 실천함으로써 단순한 패션 브랜드가 아닌 행복을 창출하는 브랜드로서의 비전을 실현하고 있다.

형지어패럴은 여성 패션 전문 그룹으로 성장하기 위해 올해 초 본격적인 진출을 시작한 백화점 매장의 수를 지속적으로 확대해 고객 접점을 넓히고 차별화된 제품 라인의 구성으로 고객만족도를 높인다는 전략을 추구한다. 또한 매장 및 임직원 대상 교육을 지속적으로 강화하고 유통망을 통한 고객 관리를 정비하며, 정기/비정기적 고객 및 소비자 조사를 통해 보다 포괄적이고 객관적인 고객 반응을 수렴해 고객만족도 제고의 체계적인 근간을 마련할 계획이다.

형지어패럴은 '고객들이 가장 만족하는 브랜드', '고객들로부터 가장 사랑 받는 브랜드'로 여성 크로커다일의 독보적 입지를 다지기 위해 끊임없이 노력해 '행복한 패션 문화 창출'을 이룩할 계획이다.

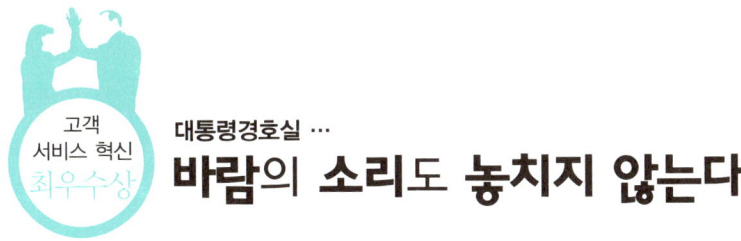

대통령경호실 …

바람의 소리도 놓치지 않는다

대통령경호실은 과거 청와대의 그늘 아래 권위주의의 상징처럼 여겨졌다. 국민의 눈길 같은 것은 도외시했으며, 권위주의적인 통제 위주의 경호로 국민 불편을 초래하는 경우도 많았다. 그러나 시대 변화의 흐름 속에서 성공적인 경호 업무를 수행하기 위해서는 국민 신뢰가 필수라는 점을 인식, 지속적인 혁신을 통해 고객만족 혁신의 선두기관으로 자리매김했다.

'친절 운동'과 '전문화 운동'을 통한 경호실의 체질 변화

대통령경호실의 일차적 목표는 물론 대통령의 절대 안전 보장이다. 그러나 시대의 변화는 단순히 경호 활동에 충실한 것 이상을 요구해왔다. 사회의 민주화와 더불어 권위주의 타파 바람이 거셌으며, 대통령-국민 간의 거리가 더욱 좁혀지기를 기대하는 대통령과 국민의 바람도 컸다. 경호실이 과

거의 틀과 방식만을 고집하다가는 자칫 대통령의 국정 운영에 걸림돌로 작용할 수도 있는 상황이었다. 이에 경호실은 '국민의 신뢰가 뒷받침되지 않으면 새로운 시대가 요구하는 차원 높은 경호 업무 수행을 담보하기 어렵다'는 데 전 직원이 공감대를 형성, '친절 운동'과 '전문화 운동'을 통해 경호실의 체질 변화에 나섰다.

국민과 함께하는 청와대

대통령의 탈권위주의 문화정착 정책에 이바지하고 청와대를 '국민 속의 청와대'로 만들기 위해 경호실은 아낌없는 노력을 경주했다. 그 결과 청와대 주변 시설물 및 환경 요소가 대국민 친화형으로 형태와 관리가 바뀌고 있다.

과거 한양의 출입문 중 북대문인 숙정문을 일반인에게 공개했고, 남쪽에 있는 청와대인 청남대를 충청북도에 반환시킴으로써 인근 주민들의 불편을 해소했다. 청와대를 찾는 시민들에게 사물놀이, 의장대 시범 등 다양한 볼거리를 제공하고, 부드럽고 친근한 순찰기법으로 기마순찰대, 인라인스케이트와 사이클 순찰대를 운영하는 방법을 사용했다. 북악산 외곽 울타리를 환경친화형 울타리로 교체하고 산책로를 조성해 시민들의 이용 편의를 증대했고, 경호경비 업무를 위해 그동안 출입이 금지되었던 경복궁의 신무문을 개방, 청와대 주변 관광 클러스터화에 일조했다. 이 밖에도 청와대 주변을 경호실 직원들이 월 1회 내 손으로 청소하는 클린 청와대 운동을 실천해 좋은 반응을 얻었다.

경호기법 개선으로 대국민 불편 해소

대국민 교통 불편을 최소화하기 위해 먼저 대통령 이동 시 최대한 공군 헬기를 이용하고, 그동안 사진 촬영이 금지했던 곳 일부를 허용하거나 청와대 주변 및 행사장 주변 1인 시위를 허용했다. 이 밖에 청와대 출입 시스템의 첨단화로 출입 절차를 간소화하고 최근 신무문까지 개방했다.

전문화 운동은 경호실이 목표하는 '대통령과 국민으로부터 신뢰받는 세계 최고의 경호 전문기관'을 구현을 위해 친절 운동과 상호보완적 관계에 있는 표본 운동이라고 할 수 있다. 경호 활동 과정에서 국민 불편을 최소화하는 등 고객만족 향상을 위해 노력하려면 경호상 어려움은 배가되는 것이 사실이기 때문이다. 이러한 문제의 해결책은 경호기법을 개선하고 첨단 과학기술을 적극 활용하며, 경호요원들의 자질 향상을 부단히 추진해나가는 것이다. 결국 언뜻 보아 양립하기 어려워 보이는 친절 운동과 전문화 운동이 접목됨으로써 오히려 시너지 효과가 발휘되는 결과를 가져왔다. 과거 권위주의 시절의 투박하고 과시적인 경호가 이제 유연하고 세련된 경호로 한 단계 업그레이드된 것이다.

최근 경호실은 대국민 혁신 홍보 보고서 《바람소리도 놓치지 않는다》를 발간했는데 호응이 좋아 중앙정부부처(통일부, 국정원)는 물론 전남 영광군 등 지자체에서도 경호실의 고객만족 혁신을 벤치마킹하고자 나서고 있다.

대한지적공사 …
디지털 지적정보 공유하세요

대한지적공사는 국민의 재산권 보호와 지적측량 기술 개발, 지적제도 발전에 기여하기 위한 설립 목적을 토대로 지난 68년 동안 국가사무인 지적측량 업무를 전담 수행해온 공익기관이다.

주요 사업으로 지적법에 따른 지적측량과 지적제도 및 지적측량에 관한 외국 기술 도입과 국외진출사업 및 국제교류 협력, 지적제도 및 지적측량에 관한 연구, 교육사업 등을 해왔으며 지적도 및 임야도 등 지적관계 도면의 작성, 지적 재조사, 지적 불부합지 사업에 관한 사항, 지적 관련 정보에 관한 조사 및 측량, 지적도면 전산 파일 및 GPS 상시 관측소 등의 자료를 이용한 지적정보 등의 서비스를 제공하고 있다.

공사는 업무 특성상 본사, 본부 및 지사가 전국에 산재되어 구성원 간 유기적인 커뮤니케이션에 어려움이 있어 고객만족경영에도 시간적, 공간적

제약이 있었지만 2004년 8월부터 조직원의 역량 결집을 위해 화상회의 시스템, 사내 인트라넷 등을 도입, 실시간 쌍방향 커뮤니케이션이 가능한 전국 조직망을 구축해 고객만족경영의 기반을 조성했다. 또한 기업의 존재 이유가 고객에게 있음을 항상 강조하며 '고객 중심의 디지털 지적정보 서비스 기업'을 비전으로 설정하고, 고객만족경영을 위한 CS 혁신위원회를 발족, 고객의 소리를 직접 청취해 해결 방안을 고민하고 성과를 점검하고 있다.

이번 수상을 계기로 공사 임직원 모두는 한 차원 높고 특화된 서비스를 제공하기 위해 최선의 노력을 다할 것이며, 지속적인 고객만족경영을 통해 국민으로부터 신뢰받는 기업, 고객에게 행복을 주는 초일류 공기업으로 거듭날 것이다.

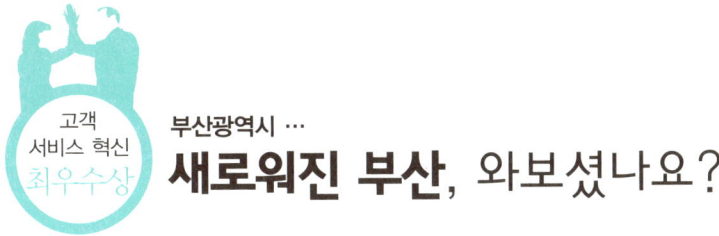

새로워진 부산, 와보셨나요?

부산광역시는 '행정의 모든 기준은 시민이다' 라는 CS(Customer Satisfaction, 고객만족) 경영 철학을 바탕으로 시민과 기업의 요구사항을 찾아서 해결하는 현장 행정, 스피드(Speed) 행정을 적극 추진한 결과 고객인 시민들로부터 좋은 평가를 받고 있다.

부산시는 그동안 고객만족 행정을 위해 지난 2005년 APEC 정상회의와 함께 '부산을 바꾸자' 라는 도시 혁신 프로그램 추진으로 지역과 행정 전체에 혁신 분위기를 조성했고 전국 최초로 '기업인 예우 및 기업 활동 촉진에 관한 조례' 를 제정, 기업인을 최대로 예우하는 '기업사랑 운동' 을 전개했다.

모든 민원은 '선허가 후보완제' 를 원칙으로 신속하게 처리하고 있으며, 반복 민원과 시민의 요구사항을 해결될 내까지 관리하고 평가하는 고객관

리 시스템(CRM)을 지방자치단체 최초로 도입했고, 행정조직 문화 혁신을 위한 '신바람 3S 운동(Smile, Speed, Satisfaction)' 등을 중점 추진했다. 이러한 고객만족 행정의 성과는 기업민원 등 민원 처리기간 50% 단축 (222종), '기업 옴부즈맨제'를 통한 기업 애로사항 해결(199건), 2006년 7월 기업인 대상 여권 발급 우대 창구를 개설해 여권 발급기간을 10일에서 1~3일 단축(109건), 도로 굴착 민원을 인터넷으로 처리하는 '도로 굴착 온라인 민원 시스템'을 구축을 통한 무방문 민원 서비스 실현, 121로 전화 하면 즉시 달려가는 '가정 수돗물 무료점검 서비스' 실시 등으로 나타났고, 2005년 KMAC 주관의 한국산업 고객만족도 조사(KCSI)에서 1위에 선정 되는 쾌거를 안았다. 지난 2005년에는 산업자원부 주관 외국인 투자 유치 최우수기관으로 선정된 바 있다.

한편 부산시는 고객과 성과 중심의 세계 일류 행정 서비스를 목표로 지속 가능한 혁신 시스템을 구축 중이다. 이 시스템은 고객 관리 시스템 (CRM), 성과 관리 시스템 (BSC), 업무 관리 시스템으로 구성되며 내년 1월부터 가동할 예정이다. 부산시는 이 통합 시스템을 기반으로 시민이 만족하고 감동하는 맞춤 서비스 실현을 위한 노력을 계속할 것이다.

삼성SDS멀티캠퍼스 ···

최고의 비즈니스 파트너

삼성SDS멀티캠퍼스는 2005년을 'CS경영 혁신의 원년'으로 선언하고 전 임직원의 CS경영 마인드 형성 및 CS경영을 위한 기본적인 인프라를 구축했다.

2006년에는 'No Business without a Customer' 라는 CS경영 이념을 바탕으로 '고객 중심 사고', '고객 감동 실현', '고객 가치 창출'을 CS경영의 목표로 설정하고 고객의 가치 창출과 비전을 공유할 수 있는 비지니스 파트너가 되기 위해 노력하고 있다.

6시그마와 소그룹 활동을 통한 CS경영 확산

철저한 고객 관점인 6시그마 방법론을 통해 제도, 업무 프로세스, 시스템을 재설계해 고객만족도 향상을 위해 노력하고 있으며 Champion,

MBB, BB가 CS경영으로의 혁신을 주도하고, 고객 접점 현장에서는 소그룹별 Work-Out 활동 등을 통해 CS경영을 실천한다. 이러한 소그룹별 활동을 통해 CS경영 성공 사례를 축척하고, 임직원들에게는 CS경영에 대한 붐을 조성하는 성과를 가져왔다.

VOC 통합 관리 시스템 확대

고객의 VOC를 효율적으로 수집, 전파, 처리하기 위해 통합 콜센터 운영과 함께 VOC 종합 관리 시스템을 구축해 24시간 연중무휴로 운영하고 있다. 또한 고객 정보 시스템은 홈페이지, e-mail, 전화, CSI, ESI 등을 통해 VOC를 통합 관리 시스템이 수집되고 각 분야의 담당자에게 전달되어 신속한 대응을 가능하게 한다. 또한 수집한 VOC는 경영 정책 및 제도에 반영되어 상품, 서비스, 시설 개선에 활용함으로써 고객만족 향상에 기여한다.

AVM 제도 시행

'고객의 가치 향상이 우리의 가치 향상'이라는 이념으로 고객사별 차별화된 서비스 제공을 위해 AVM(Account Value Manager)를 지정해 고객사에 대해 밀착 관리하고, 사전관리, 진행관리, 사후관리, 품질관리 4단계로 구분해 각 단계별 차별화된 서비스 제공한다.

CS Manager 제도 시행

CS경영 문화의 확산과 CS경영 환경 조성을 위해 모든 부서에 CS Manager를 선정해 운영하고 있으며, CS Manager들은 CS경영 문화 형성에 주도적인 역할을 수행하며, Best Practice 사례 발굴 및 전파에 노력하고 있다.

사용자 편의성 중심의 SLMS

고객의 요구에 따라 각 고객사의 특성에 맞는 교육 운영 서비스인 SLSS(Samsung Learning Shared Service)를 제공, 각각의 고객에게 최적화된 교육 서비스를 제공한다.

삼성SDS멀티캠퍼스는 CS경영의 정착을 위해 6시그마를 통한 개선 활동을 지속적으로 주진할 것이다. 난기적으로는 제도 및 프로세스, 시스템 개선을 통해 고객의 최우선 니즈를 해소하고 중·장기적으로 CS 인력 역량 강화 및 고객 중심의 조직 문화 정착을 통해 국내 최고의 교육 서비스 기관을 지향하고 있다.

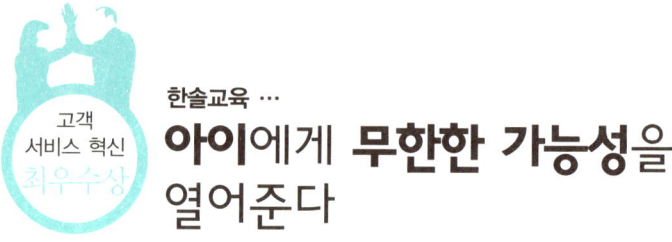

아이에게 무한한 가능성을 열어준다

교육 출판 미디어 그룹 한솔교육은 아이들의 무한한 가능성을 열어가기 위한 최적의 교육 문화와 생활환경을 창조한다는 사명으로 영·유아를 위한 최적의 1 대 1 놀이식 수업 방식 개발은 물론 '신기한 한글나라' '신기한 영어나라' '주니어플라톤' 등 아동 발달 단계를 고려한 과학적이고 체계적인 교육 프로그램으로 인기를 얻고 있다.

교육 제품의 특성상 학부모의 관여도가 매우 높기 때문에 대부분 구전을 통해 제품이나 서비스를 선택한다. 따라서 고객 관리가 구전 형성에 많은 영향을 미치기 때문에 고객만족은 절대적이다. 또한 매주 1회 교사들이 회원들을 방문, 수업을 진행하기 때문에 고객과의 대면 접촉이 정기적으로 발생한다. 따라서 고객 접점을 효과적으로 관리, 고객만족을 이룩하는 것이 한솔교육의 최우선 과제이다. 즉, 현장의 모든 교사들의 CS 마인드 수

준이 곧 기업의 성과에 영향을 미치는 것이다.

고객만족 실현을 통한 로열티 확보

한솔교육은 1998년 회사 내 'CS 경진대회'를 출발점으로 CS 혁신 활동을 전개했다. 정기적으로 실시하는 '고객만족도 조사'를 통해 현재까지 진행되어 온 CS경영 혁신 활동의 성과를 엿볼 수 있다. 또한 고객들의 주요 불만 사항으로 선정해놓은 '10대 고객 불만 VOC' 관리 제도를 시행해 높은 성과를 보이고 있다.

고객만족의 원동력은 전 조직원의 CIS 마인드

한솔교육의 CS 혁신 성공의 주된 원인은 모든 회원을 자신의 아이처럼 생각하는 한솔교육 조직원들의 마음이다. 이는 미래의 주역인 아이들을 제대로 가르치는 것이 제대로 된 나라를 만드는 것이라는 믿음과 철학에서 출발한다. 현장의 모든 교사와 본사 관리자 모두 고객의 작은 지적 하나, 고마운 칭찬 한마디에 귀를 기울이는 자세로 고객의 입장에서 생각하고 행동하며 진정한 고객 감동 서비스를 실천하고 있다.

시스템 확충을 통한 고객만족 실현

한솔교육의 조직원 개개인은 고객 감동 마인드를 기반으로 고객만족을 달성하고, 회사는 CS 혁신 활동이 원활하게 이루어지도록 프로세스 개선, 회의체 구성 등 다양한 시스템을 확충했다.

기업의 사회적 책임 수행을 통한 고객 신뢰

한솔교육은 교육 서비스 제공을 통해 이룬 수익의 일부분을 다시 아이들 교육을 위해 환원함으로써 고객의 신뢰, 로열티 확보를 위한 활동을 전개하고 있다.

첫째는 업계 최초로 교육문화연구원을 설립하고, 둘째는 소외된 어린이들이 꿈과 희망을 펼칠 수 있도록 1997년부터 아름다운 공부방 만들기, 무료 모국어 교육 지원, 문화 나눔, 폐자원 나눔 등의 공헌 활동을 통해 기업의 사회적 책임을 실현하고 있다. 셋째는 회원 대상 이벤트 진행을 통해 고객들의 직접적인 행사 참여를 유도하고, 수도권 및 지방 회원을 대상으로 어린이 뮤지컬 같은 공연을 실시함으로써 회원들에게 문화적 혜택을 정기적으로 제공한다.

고객 맞춤형 CIS 프로세스 구축

한솔교육은 2000년부터 지속적으로 진행해온 CS 혁신 활동 성과를 바탕으로 앞으로 CIS 경영을 전사적으로 확산, 보급할 계획을 설계하고 있다. 앞으로도 지금까지의 혁신 활동 과정에서 나타난 고객의 욕구를 업무 프로세스 개선 및 교육 활동 등을 통해 적극적으로 반영하고 전사적 CIS 활동 또한 강화할 예정이다. 특히 각각의 개별 고객에게 적합한 서비스를 제공하기 위한 시스템을 구축하는 것이 현재까지의 활동과 차별화된 점이다. 현재 구축 중에 있는 '마이한솔서비스'는 기존의 '나비로' 시스템을 고객 맞춤형으로 확대 개편하는 것으로 고객은 교사가 작성하는 회원일지와 더불어 회원의 특성에 맞는 맞춤형 교육 정보를 제공받게 될 것이다.

고객의 목소리가 더욱 높아질수록, 바라보는 눈길이 더욱 많아질수록 한솔교육의 고객 감동 서비스도 더욱 전진할 것이다. 한솔교육은 앞으로도 아이들의 무한한 가능성에 대한 믿음과 교육 철학을 바탕으로 고객을 향하고, 고객으로부터 더 큰 가르침과 깨달음을 얻는 일에 소홀함이 없도록 노력해나갈 계획이다.

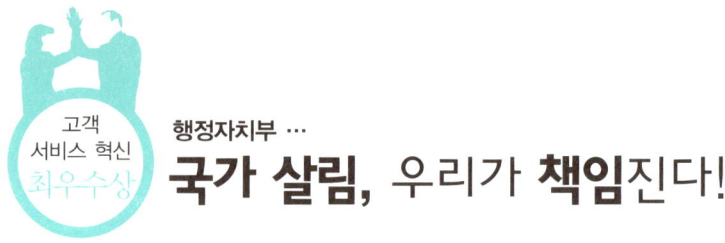

행정자치부 …
국가 살림, 우리가 책임진다!

행정자치부는 고객만족 혁신 모델을 구축해 완성하고 있다. 민간기업에서는 수년에 걸쳐 이룰 수 있는 CS 혁신을 2년도 채 되지 않은 기간에 고객들에게 선보이고 있는 것이다.

이와 같은 행자부의 최단기간 CS 혁신 성공 비결은 장관과 행자부 간부들의 고객과 성과 중심의 행정 혁신에 대한 솔선수범과 희생이다.

본부장들은 종래 국장과 차관보·실장이 담당하던 업무량을 담당하고, 팀장들은 계장과 과장들이 담당하던 업무 이상을 몸소 담당하면서 팀 단위에서 벌어지는 행정 행위에 대한 명확한 책임점이 되었다. 그리고 종래 대면 보고를 전자 메모 보고로 전환하면서 종래 하급자가 지던 보고의 부담을 본부장, 차관 및 장관들이 지고 있다.

팀장 및 팀원들의 결재 대기 폐지 등으로 남은 시간은 고객들의 편의를

위해 활용된다. 행자부 직원들 또한 평가를 통해 관리되는 어려운 근무 여건에서도 사명감을 갖고 적극 동참하고 있어 CS 혁신이 성공적으로 정착되고 있다.

또한 행자부는 CS를 별도로 추진하지 않고 팀제와 BSC 도입을 골자로 하는 성과 관리와 함께 CS를 통합적으로 시행하고 있다. 즉, 통합 행정 혁신으로 불리는 삼두혁신 마차는 행자부의 전면적인 변화를 가능하게 해주고 있다.

행자부는 고객만족을 추진하면서 주먹구구식 시책 개발을 하지 않고, 전문가들과의 워크숍을 통한 선신석이고 체계적인 고객만족 전략을 개발해 차질 없이 시행하고 있다. 또한 업무 처리, 성과 관리 및 고객 관리가 통합된 하모니를 통해 시스템에 의한 CS 혁신을 단행하고 있다.

행자부 CS 혁신 성공의 열쇠

- CEO의 강력한 CS 혁신 의지 및 간부 공무원의 솔선수범
- 팀제, 성과 관리(BSC) 및 고객만족 동시 추진
- 체계적이고 전략적인 실천 및 시스템 구현을 통한 혁신
- 전화 친절도 혁신 등 고객 접점에 대한 철저한 관리

행자부는 이와 같은 CS 혁신 모델 구축으로 정부 부처 중 국민을 위한 행정 혁신의 모범이 되고 있다. 민원처리 기간의 획기적인 단축 및 맞춤형 서비스 제공과 가장 친절하게 전화를 받는 행정기관 등 가시적인 성과들이 나타나고 있기 때문이다.

종래 평균 9.3일이 소요되던 인터넷 민원처리 기간이 올 7월 이후부터 2.3일로 단축되는 등의 괄목할 만한 성과를 보이는 등 업무 접점 고객에 대한 양과 질이 크게 향상되었다.

행자부 지적 팀의 '지적민원 해피콜센터'에서는 과거 공무원 중심의 민원처리 방법으로는 국민에게 만족과 감동을 줄 수 없다고 판단, 과거의 업무처리 방법을 크게 3가지 분야의 개선을 실천했다. 즉 업무 환경 개선, 민원처리 업무 프로세스 개선, 고객 유형별 분류에 따른 맞춤 서비스 등이다.

2006년 1월부터 9월까지 '지적민원 해피콜센터' 운영 실적을 보면 지적민원 담당 공무원 415명에 대한 의식 교육을 실시했다. 그 결과 총 접수 민원 1350건 중 745건(55.2%)의 해피콜 실시, 126건의 애프터서비스를 실시함으로써 국민들로부터 감사 편지가 오고 행자부 홈페이지(고객의 소

리)에 민원처리 결과에 만족했다는 약 230여 건에 달하는 글이 올라오는 등 국민들로부터 좋은 반응을 얻고 있다.

행자부는 2007년부터 전국 시도 지방자치단체에도 '지적민원 해피콜 센터'를 설치해 모든 국민들이 고품질의 지적행정 서비스를 받을 수 있도록 할 계획이다.

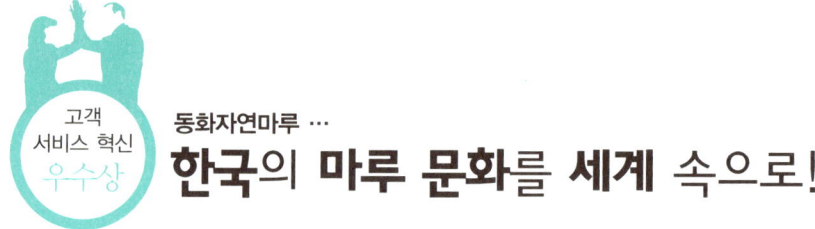

동화자연마루 …

한국의 마루 문화를 세계 속으로!

지난 10여 년간 우리나라 마루 바닥재 시장의 혁신을 주도해온 동화자연마루는 강화마루, 합판마루, 원목마루에 이르기까지 마루재의 Full Line Up을 구축하고 있는 국내 유일의 기업이다.

1948년 목질자재 전문 기업으로 출범해 일관되게 목재 관련 사업을 영위하며 내실 있는 성장을 거듭해온 국내 최대의 목질자재 전문 기업인 동화기업은 소비자의 친환경, 웰빙 니즈에 부응하는 마루재 개발 및 생산을 통해 국내 마루 바닥재 시장을 이끄는 선두 기업으로 자리 잡았으며, 2006년 9월 1일 동화자연마루로의 분사를 통해 명실상부한 목질 바닥재 전문 기업으로 거듭났다.

동화자연마루는 1996년 강화마루 공장을 설립하고 판매를 시작한 지

10년의 시간이 지났다. 'The First & The Best' 로서 국내 최초의 친환경 제품, 즉 클릭 형태의 제품을 개발하고 시장 정착에 기여하고 고객의 관여도 향상을 위한 광고, 홍보 등의 커뮤니케이션을 리드해왔다. 마루의 원천기술을 바탕으로 강화마루에서 합판마루, 최근에는 이탈리아 명품 원목마루에 이르기까지 제품을 출시해 카테고리별, 가격대별 제품의 포트폴리오를 완성했고 이로써 시장 내 1인자, 즉 마켓 리더로서 탄탄히 자리매김했다.

　마루는 소비재이나 반제품의 특성을 가지고 있으며 친환경적인 최고의 제품 외에 시공 서비스 과정을 반드시 서쳐야 하는 것으로 고객만족 및 고객 감동은 바로 그곳에서 결정이 난다고 해도 지나치지 않다. 따라서 동화자연마루는 2005년부터 '직배 직시공' 이란 시스템과 회사 및 영업, 시공에 따른 모든 분들의 일체감을 바탕으로 SM(Service Master) 전문성과 서비스 표준화를 통한 시공 품질의 균질화를 통해 업계 최고의 고객만족과 감동을 구현하고 있다. 동화자연마루는 이것을 그린서비스(Green Service)로 칭하고 더욱더 발전시켜 나갈 것이다. 또한 소비자 패널제를 도입해 제품, 유통, 서비스에 이르는 활동의 모니터링으로 고객의 의견을 청취하며 개선하고 있고, 또한 연 1회 외부 전문기관을 통한 고객 Tracking 조사와 CS 조사를 통해 동화자연마루의 현재의 위치를 정확히 파악하고 전략에 반영하며 현장 실행력을 강화해나가고 있다. '측정되지 않는 것은 관리되지 않고 관리할 수 없는 것은 개선할 수 없다'라는 기치 아래 실행해나가고 있는 것이다.

내부 고객을 만족시키기 위한 활동으로는 조직의 역할을 분명히 하고 책임을 명확히 하며, 개인과의 부담 없는 대화와 정기적인 면담 시간을 통해 애로 사항을 청취하고 힘을 실어주는 데 최선을 다하고 있다.

동화자연마루에서 출시되는 모든 제품은 국내 최고 수준의 친환경성을 자랑한다. 기존에 시판된 타사 제품들이 E2, E1급 HDF를 사용한 반면 동화자연마루는 유일하게 E0급 HDF를 사용하고 있다.(E2 : 24시간 데시케이터법으로 측정 시 새집증후군 주범인 포름알데히드 방출률 5.0PPM 이하, E1 : 1.5PPM 이하, E0 : 0.5PPM 이하) E0급 HDF는 E1급에 비해 포름알데히드 방출량이 1/3 수준이며, E2급에 비해서는 1/10 수준으로 획기적으로 줄인 무독성 제품이다. 그 결과 동화자연마루는 친환경 건축자재 인증(HB마크) 최우수 등급인 클로버 5개를 획득하기도 했다. 또한 동화자연마루는 시공 시 접착제가 필요 없는 결합형 마루로 국내에서 유일하게 벨

기에 유니린사의 유니클릭 시스템을 독점, 접착제를 전혀 사용하지 않고도 타사 제품 대비 가장 강력한 결합력을 자랑한다.

뿐만 아니라 세계 최초로 은 이온 첨가공법을 적용한 마루이다.(특허 제 10-0574295, 제 10-0574296, 국내 유일) 마루 표면에 주입된 은 이온을 통해 탁월한 항균 방충 기능을 확보한 동화자연마루는 상온에서 24시간 세균 방치 시 무려 99.9% 수준의 세균 감소 효과를 보이는 국내 최고의 생산기술로 국내의 공장에서 국내 기술자들의 손으로 직접 제조한 대한민국 대표 강화마루이다.

동화자연마루는 제품력을 바탕으로 3년간 무상 A/S 기간을 보장하며 고객들에게 신뢰를 주고 있다. 간혹 발생되는 A/S의 경우 24시간 이내 방문 및 48시간 이내 처리를 원칙으로 발 빠른 대응을 함으로써 고객들의 불만을 즉각 해소하고 있다. 또한 A/S를 비롯한 차별화된 서비스가 강점이다. 즉, 철저한 해피콜을 통한 서비스 개선, '마루 관리 요령' 가이드북 전달을 통한 관리 노하우 전달, 엘리트 고객을 위한 문화강좌 실시, 격월로 발행되는 간행물 《우드스토리》를 통한 다양한 정보 전달은 동화자연마루 구매 고객만이 누릴 수 있는 특권이다.

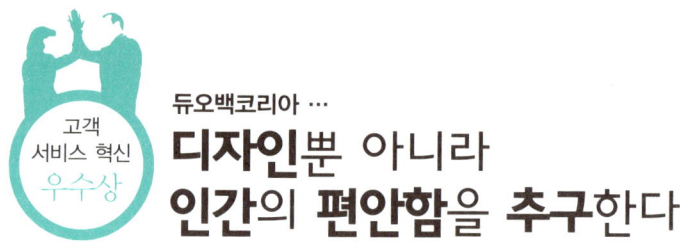

디자인뿐 아니라 인간의 편안함을 추구한다

듀오백코리아는 1987년 해정산업으로 출발해 20여 년간 의자 하나만을 고집해온 뚝심으로 국내 최고의 의자 브랜드인 '듀오백(DUOBACK)'을 만들어냈다. '듀오백'은 2003년부터 실시한 의자 브랜드 인지도 조사에서 60%가 넘는 점유율을 기록하며 독보적인 위치를 차지하고 있다.

듀오백코리아는 이러한 브랜드 파워를 바탕으로 가정용 시장은 물론 사무용 가구 시장에서도 큰 인기를 끌고 있으며, 조달 등록된 '듀오스쿨'과 '수강용 의자' 등 20여 종의 제품으로 공공기관 및 교육기관 의자 시장에 박차를 가하고 있다.

듀오백코리아가 인체공학적으로 설계한 '듀오백(DUOBACK)' 의자는 사람이 앉아 있을 때 가장 편안함을 느낄 수 있는 의자이다.

'듀오백' 의자에 적용된 듀오백 기술은 같은 무게라도 배낭을 지고 걸으면 그 무게가 덜한 배낭 효과를 이용한 것으로 앉아 있을 때 허리에만 집중되던 하중을 등 근육에 골고루 전달하는 방법을 사용했다.

두 개로 분리된 등받이와 3차원적인 특수 작동 고무는 사용자의 움직임에 따라 반응해 근육과 가장 부담이 많은 요추 부위에 마사지하는 효과를 제공한다. 또한 사용자가 수시로 자세를 바꾸더라도 척추와 등 근육을 견고하게 감싸주어 허리에 가해지는 하중을 약 20Kg 정도 줄이는 효과를 줘 앉아 있는 동안 편안함을 느낄 수 있다.

듀오백코리아는 지금까지 우리가 생각하는 의자의 개념을 단순히 앉아 있는 것에서 앉아 있는 동안 가장 편안함을 느낄 수 있는 것으로 변화시키고 있는 기업이다. 듀오백코리아는 앉아 있을 때의 편안함은 물론 사용하는 동안 소비자가 느낄 수 있는 편안함, 고상 시 소비자가 느끼는 편안함 등 모든 면에서 편안함을 느꼈을 때 비로소 진정한 '편안함'을 느낄 수 있다고 말한다.

듀오백코리아는 2006년 인체공학 의자 브랜드 '듀오백'의 명품화를 선언하고 이를 위해 만반의 준비를 하고 있다. 최우선적으로 올해 초 '듀오백' 의자의 진정한 명품화를 위해 바코드를 활용한 정품 인증제와 A/S 3년 연장제를 선보였다.

듀오백코리아의 정품 인증제는 소비자들의 기존 가구에 대한 인식을 깬 시도로 소비자가 제품을 구입한 후 의자에 찍혀 있는 바코드를 듀오백코리아 홈페이지에 입력하면 듀오백코리아에서 이를 인증하고 3년 동안 제품에 대한 무상 서비스와 제품에 대한 본사의 적극적인 관리를 받을 수 있는 시스템이다. 듀오백코리아가 이러한 고객 관리에 힘을 쏟을 수 있는 저력은 그동안의 확고한 브랜드 파워에서 나타난다.

듀오백코리아는 글로벌 시장으로의 본격 진출과 제품의 다변화를 위해 지난 9월 듀오백 인간공학디자인연구소를 설립했다. 듀오백 인간공학연구소를 통해 단순한 디자인 연구가 아닌 인간의 '편안함'을 극대화시킬 수 있는 제품을 지속적으로 개발해나갈 계획이다. 또한 이 연구소를 통해 미국, 일본, 독일 등 인간공학 제품 선진국들과 협력 시스템 및 긴밀한 네트워크도 갖춰나갈 계획이다. 이와 함께 국내외 디자인 관련 전시 및 출품 등에 적극적으로 참가해 2006년 10월 대한인간공학회가 주관하는 제8회 인간공학디자인상을 수상했다. 수상 제품은 어린이용 인체공학 의자 'CDY-490' 시리즈로 디자인의 우수성과 함께 아동의 신장 발달에 따른 맞춤 조작 등 다양한 기능이 잘 어우러진 제품이라는 평가를 받았다. 이 제품은 여러 방향으로 동작이 가능한 듀오백 등받이를 적용해 앉아 있는 동안의 피로감을 최소화시켰고, 인체의 굴곡에 맞는 인체공학적 좌판을 사용해 체중 분산에 따른 편안함을 극대화시켰다. 듀오백코리아는 성장기 아동들의 인간공학적 데이터를 기반으로 개발한 제품으로 어린이의 자세 교정과 편안한 착석감에 큰 도움을 준다고 밝혔다.

듀오백코리아는 최근 싱가포르 물리치료협회로부터 허리 건강에 대한 효능을 인증받아 해외시장에서의 공신력도 확보했고, 이와 함께 국제적인 의학협회의 검증을 통해 인체공학 제품으로서의 위상을 높였다.

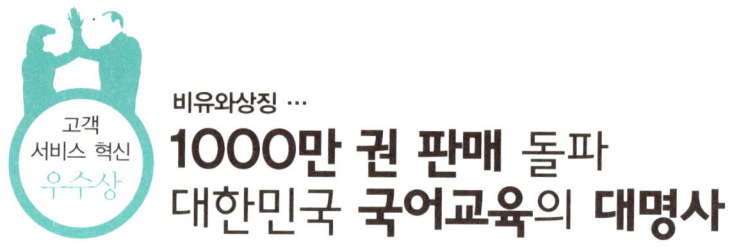

비유와상징은 1998년 중등국어 『한 권으로 끝내기』 발간을 시작으로 본격적인 교육사업에 진출한 지 1년 만에 전국의 국어 학습서 시장을 석권하는 돌풍을 일으킨 기업이다. 그 후 괄목할 만한 성장을 거듭해 올해 2006년에는 업계 최초로 『한 권으로 끝내기』 국어가 최단기간 내에 1000만 권 판매 돌파라는 경이적인 기록을 세웠으며, 작년에 출간되어 베스트셀러가 된 자율학습서 『완자』의 성공으로 자판시장에서 확고한 선두 자리를 구축했다. 또한 논술과 온라인 교육 진출을 본격화함으로써 교육 출판 기업으로서의 위상과 선두기업으로서의 위치를 확고히 다짐으로써 올해 매출 목표인 450억 원을 초과 달성하는 성과를 이루어냈다.

비유와상징은 '우리는 다양한 혁신 활동으로 대한민국 교육 문화를 선

도하고 인재를 양성함으로써 가장 영향력 있는 기업이 된다'라는 사명을 바탕으로 '창의적 혁신, 고객 중심, 존중과 신뢰, 리더십 개발'의 지배 가치 및 각각의 행동 기준을 마련해 이를 전사적으로 실천하고 있다.

회사 창립 이래 창의적 혁신을 반영한 고품질의 교재 개발, 책 속의 가접 별책 등 혁신적 특허 제품 개발 적용, 다양한 형태의 현장 및 시장조사, 끊 임없는 리뉴얼 작업, 정오표의 온라인 공개, 교사용 교재 발간 등 다양하고 지속적인 고객만족 혁신 활동에 초점을 맞추어왔다.

또한 업계 최초의 제품과 최고의 품질로 명품주의를 지향하는 경영 목표 를 실천하기 위해 꾸준한 노력으로 90년내까시 번변한 학원용 교재가 전 무하던 환경에서 『한 권으로 끝내기 국어』의 돌풍을 이끌어내며 학원 교재 시장을 개척했다. 그 뒤 다양한 자료가 첨부된 교사용 개발을 통해 빠르고 깊이 있는 수업 준비를 가능하게 하여 교사/강사의 수준차 극복, 도시/농촌 간의 강의 질차 극복을 통해 강사 능력 배양에 일조를 했다. 또한 새로운 기획과 개발로 매학기 교재를 새롭게 만들어 제공함으로써 기존의 표지갈이 출판 관행에 제동을 걸고 모든 교재의 질 업그레이드에 많은 영향을 미치고 있다.

비유와상징은 벽지 청소년 도서 기증, 사회복지 공동모금회 도서 기증 등의 후원 사업을 통해 '인간을 소중히 여긴다' 라는 기업의 모토처럼 임직원들 모두가 섬김 정신을 꾸준히 실천하고 있으며, 이러한 기업 활동을 통해 교육 및 출판 문화 선도, 미래 인재 양성, 사교육비 절감 등의 목적 달성을 위해 노력하고 있다. 창의적 혁신을 통한 지속적 품질 향상, 고객 중심의 제품과 서비스 제공, 고객 지향적 인재 육성과 마케팅 전개 등 고객만족 경영 전략을 실천함으로써 대한민국 교육의 대명사가 되기 위해 최선을 다하고 있다.

비유와상징은 고객 중심의 핵심 가치를 CS 추진 업무의 중추적 토대로 삼아 조직의 모든 영역에서 가치를 추구하고 실천함으로써 비전 기업으로의 지속적인 성장을 추구하고 있다. 이를 위해 최고경영자가 교육, 강연 등 모든 현장 활동에 적극 참여하는 등 전사적인 고객만족경영 혁신을 위해 시간과 자원을 투입해 강력한 리더십을 발휘하고 있으며, 고객의 소리, 내 · 외부 고객만족도 조사 강화를 통해 수렴된 불만사항은 빠르게 제거하고 파악된 고객 니즈는 고객만족경영 전략에 적극 반영할 계획이다.

또한 소비자 클레임 처리 시스템 체계화, 고객 중심의 제품 개발을 위한 체계적인 인프라, 제도 및 인력 운영, 전 조직원의 고객만족 활동 극대화를 위한 동기부여 프로그램 개발을 실시하고 서비스 아이덴티티 구축 등의 수립과 실천을 통해 사회 가치 제고에 힘쓰는 한편, 고객 중심 사고 내재화를 통해 혁신적 제품 개발, 고품질 서비스 제공, 신뢰를 바탕으로 한 투명 경영 실천과 사회 공헌 활동 전개를 통해 최상의 고객만족 실현을 목표로 삼고 있다.

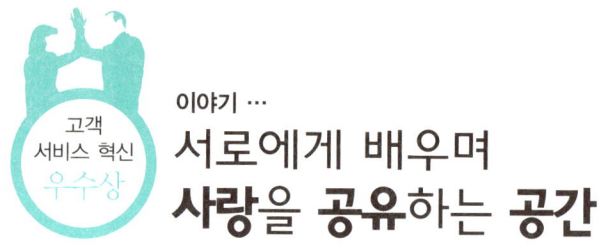

이야기 …

서로에게 배우며
사랑을 **공유**하는 **공간**

1994년 국내 최초로 어린이 전문 PC통신 '이야기 꿈동산' 서비스를 시작한 이야기는 10년이 넘는 세월 동안 노하우를 축적해온 온라인 교육 전문 기업이다.

현재 이야기의 주요 서비스라 할 수 있는 '에듀모아'의 경우 사이버 초등교육을 시행하고 있으며, 에듀모아 문제집 시리즈와 학생이 부족한 과목을 스스로 진단, 평가, 심화 과정 등의 자기 주도적 학습을 할 수 있는 우리아이 1등 프로젝트 '공부대장' 서비스가 학생과 학부모의 많은 사랑을 받고 있다.

눈높이 콘텐츠 개발

이야기는 2000년 에듀모아 웹 서비스를 시작하면서 전략적 제휴 및 다양

하면서도 차별화된 킬러 콘텐츠 서비스에 중점을 둔 교육 서비스를 시행하고 있다. 2003년 정통부 주관 '디지털콘텐츠 대상' 장려상 수상과 KWPI 사이버 초등교육 부문에서 1위를 차지하는 등 질 높은 서비스와 콘텐츠로 고객에게 다가가는 '고객 중심' 경영에 주력했다.

이는 이야기가 2003년 하반기 기술혁신형 중소기업 INNO-BIZ에 선정되는 결정적인 계기가 되기도 했다. 또한 '고객 중심'의 경영에 주력한 결과 2005, 2006년 연속으로 KMAC에서 주관하는 대한민국 고객만족경영대상을 수상하는 영광을 누리게 되었다.

2004년부터는 '끊임없이 변화하는 사이트'를 추구해 학습과 연계한 게임 '해피게임존', 어린이 전문 지식검색 '지식짱', 일일학습이나 성취도 평가시험 응시 결과를 휴대폰으로 알려주는 'SMS 무료 서비스', 특활 엉재

수학학습, 온라인 재량 활동, 체험학습 등 건별 아이디어가 돋보이는 프로그램을 개발, 서비스하면서 부동의 동종업계 1위 자리를 지켜오고 있다.

특히 2005년에는 눈높이 콘텐츠 개발이 고객만족이라는 전략으로 초등 교사를 위한 서비스 강화에 초점을 둬 부산교대와 '재량 활동 e-러닝 콘텐츠' 개발에 착수했다.

이외에도 '초등학생 때 꼭 길러야 하는 공부 습관 기르기' 및 우리 아이 1등 프로젝트로 야심차게 준비한 '공부대장' 서비스는 대한민국 0.1% 우등생의 공부 비결법을 제공하고, 학생이 개인별 수준에 맞게 공부할 수 있어 학생들이 공부하는 데 재미를 한층 더 높여주고 있다.

공부대장 서비스는 현직 교사들이 직접 출제한 30만여 개의 문제들을 학생 스스로 자신의 기초학습력을 진단한 후 공부할 난이도를 조절해 공부하는 것이 가능하며, 학교 진도에 맞추어 이해도를 평가하고, 점수에 따른 보충문제와 심화 문제로 1 대 1 맞춤 학습을 제공하고 있다.

또한 부족한 영역의 1 대 1오답 노트와 클리닉지로 공부에 대한 자신감을 높여주고 있다. 더불어 바쁜 부모님들을 위해 학생의 학습 성취도를 휴대폰으로 전송하고 있으며, 시험지 자동 생성 서비스를 이용해 학부모와 자녀가 공부와 더불어 서로 신뢰하고 교감을 갖게 해준다는 평가를 받고 있다.

이러한 노력들은 '질 높은 차별화된 서비스를 최적의 이용요금으로 제공함으로써 고객만족을 극대화한다' 는 가장 기본적인 '고객만족경영 철학' 에서 나온 것이다.

이야기는 에듀모아와 더불어 공부대장, 재량 활동, 출판사업 등 학생, 교사, 학부모의 눈높이에 맞는 맞춤형 콘텐츠를 꾸준히 개발해 서비스할 계획이며, '가르치는 곳보다는 서로에게 배우고 사랑을 공유하는 공간'을 만들기 위해 학생들의 인성교육과 부모와 자녀, 그리고 우리 이웃과 함께 더불어 사랑을 나눌 수 있는 서비스 구현에 앞장설 것이다.

참나무처럼 **믿음직한 서비스**

한솔개발이 운영하는 종합 리조트 오크밸리가 KMAC에서 매년 시행하는 '서비스 품질 인증'에서 2005년 AAA+ 등급 인증을 받은 데 이어 2006년 심사에서는 AAA+ 등급을 유지 획득해 그 서비스 품질을 다시 한 번 입증했다.

오크밸리는 CS 추진 동아리 활동, VOC 시스템, 컨시어지(Concierge) 서비스, CS 코디, 회원 소식지를 통한 고객과의 정보 교환 등 전략적인 서비스 시스템을 갖추고, 직원들의 자발적인 참여를 기반으로 서비스 개선 활동을 벌여오고 있어 그 품질을 지속적으로 유지 발전시킬 수 있었다.

이번 심사 결과가 말해주듯 오크밸리가 고객들에게 제공하는 감동 서비스는 비단 겉으로 드러나는 표면적인 부분에서만 생성된 것이 아닌, 고객한 분 한 분을 자신처럼 소중히 여기는 임직원들의 서비스 마인드가 모여

이루어진 것이다.

오크밸리는 올 12월 1일 오픈한 '스키장'에도 특화된 서비스 시스템을 적극적으로 개입시켜 나갈 계획이다. 이미 올해 초 어느 스키장에서도 시도한 바 없는 '스키 서포터즈 운영'을 실시해 오픈 이전부터 고객의 소리에 귀를 기울였으며, 고객 종합 안내소 운영과 컴플레인 예보제 시행 등을 검토해 고객만족 서비스를 제공할 예정이다. 또한 다양한 고객층에 맞는 서비스 계획 수립, 특화된 상품 및 운영 체계의 개발로 서비스 품질 AAA+에 빛나는 First Class 스키장을 만들어나갈 것이다.

오크밸리가 추구하는 여러 가지 요소 중 가장 중요한 부문이 인적 응대 서비스 관리다. 물론 하드웨어 및 시스템 등도 중요한 부분이지만, 인적 응대 서비스 관리는 한시도 소홀히 할 수 없는 핵심 중의 핵심이다. 그리하여 작년부터는 성수기 및 주말에 콘도 입구에 전담 컨시어지 직원을 두어 신속하고 차별화된 서비스를 선보였다. 철저한 친절 교육을 통해 서비스 마인드를 고취시켜 왔다. 더불어 체크인/체크아웃 시 대기시간을 줄이는 방법으로 회원전용 체크인도 만들었다. 그 결과 고객에게는 감동의 요소로, 고객만족도는 배가 넘는 효과를 거두고 있다. 그리고 고객 의견 접수 현황, 모니터링, 텔레서베이, 회원 만족도 조사, 대외 인증 추진 등으로 서비스 품질을 측정하고 부족한 부분에 대한 부가 서비스 개발을 위해 끊임없는 노력을 하고 있다.

오크밸리는 내부에서 자발적으로 CS 추진 동아리가 조직되어 경영진의 솔선으로 전사적인 참여를 유도하는 혁신 활동을 전개해오고 있다. 그동안 해왔던 방향에서 단 한 건의 의견이라도 성과 및 실행이 가능하다는 시상 제도를 홍보해 전문 심의위원제 도입, 직원들이 변화를 체감할 수 있도록 동아리 홍보를 실시했다.

그로 인해 끊임없이 CS 추진 성과와 연계해 관리할 수 있는 방안도 나오고 있으며, 더 큰 효과도 예상하고 있다.

또한 VOC 시스템은 다양한 고객의 소리를 체계적으로 수집, 저장 분석하고 경영 자료에 적극 반영하며 고객에게 다시 피드백해주는 시스템에보다 전 직원들이 적극적으로 활용할 수 있고, 공유할 수 있도록 노력한 끝에 고객에 대한 정보체공 채널 다양화를 구축했다. 그 결과 전 직원 공유 효율성을 높여주는 시스템을 구축하게 되었으며 현재 많은 회원들의 호응을 얻고 있다.

현대백화점 압구정본점 …

고품격 생활문화 공간에서의
행복한 서비스

현대백화점 압구정본점은 1985년 개점 이후 특화된 서비스와 최상의 상품, 다양한 생활문화 제안을 통해 국내는 물론 세계적으로 인정받는 대표 백화점으로 자리매김했다. 특히 고객의 다양한 욕구에 맞는 생활문화를 제안하고 최상의 고객 맞춤형 서비스를 지향하는 백화점으로 업그레이드 하겠다는 비전을 갖고 있다.

현대백화점 압구정본점은 차별화된 고품격 서비스를 제공해 고객들의 좋은 반응을 얻고 있다. 연령대별로 차별화된 클럽을 운영하고 있는데, 40~50대 전문직 고객을 위한 플래티늄 클럽, 상위층 고객을 위한 Jasmin Club을 운영하고 있나.

이러한 클럽별 고객의 의식주, 건강, 교육, 문화와 관련된 풍요로운 삶의 가치를 높이는 서비스 개발에 주력하고 있다.

특별한 고객 관계 구축

현대백화점 압구정본점은 오직 압구정본점에서만 체험할 수 있는 다양한 생활향상 제안들을 제공해 고객과 영원한 신뢰관계를 형성하고자 하고 있다. 이를 위해 유럽스타일의 색다른 자선마켓인 그린마켓의 고객참여 코너 및 식품매장 내에서 식문화와 관련된 다양한 음식을 선보이는 '쿠킹스튜디오', 현대백화점 경영에 고객의 다양한 의견을 제시할 수 있는 '문화나누미', '열린경영위원회', '고객 동호인클럽' 등의 제도를 운영하고 있다.

이러한 다양한 채널을 통해 압구정본점은 고객이 성공할 수 있도록 단순히 쇼핑장소가 아닌 새로운 생활 문화를 접하는 장이 되고자 한다. 지난 2006년은 현대백화점 압구정본점이 개점 21주년이 되는 해로 Friends of COMPASSION 2006, i-CEO Land, Luxury Golf Fair(2회), 대한민국 명품 LOHAS 식품전 등을 실시해 지역 주민의 문화욕구 충족을 위한 이벤트 및 트렌드를 지속적으로 소개하고 있다.

또한 '로렌, 10년 젊어지다(Bravo life-Younger Style)', '로렌, 딸과 데이트하다' 등 고객을 대표하는 로렌이라는 가상인물로 테마와 스토리가 있는 이벤트를 전개해 고객 생활향상을 제안하고 있다.

고객가치에 기반한 상품 제안

고객이 가치를 느낄 수 있는 상품을 선별하고 제안함으로써 고객의 Life Style을 한단계 높인다는 전략이다. 유럽형 인테리어 공간 컨셉트인 Art De Maison(아르드 메종) Life Style Home 매장을 구현하여 Home Stylist의 인테리어, 리모델링 분야의 1:1 맞춤 상담서비스를 제공하고 있다.

고객 식생활 향상 개선 공간인 식문화관의 새단장 오픈과 푸드 스타일리스트 운영으로 고객 개인별 맞춤 식단제공, 건강 및 파티장소, 요리 등에 대한 전반적인 정보제공 및 상담서비스를 제공하고 있으며 고객 편의성을 높이기 위해서 푸드코트 시스템을 개선했다.

또한 현대백화점 압구정본점만의 특화 브랜드인 이탈리아 피혁, 잡화 명품브랜드인 'TOD'S(토즈)'와 프랑스 의류 브랜드인 '꼼뜨와 데 꼬또니에'를 런칭함으로써 가치있는 제품을 지속적으로 고객들에게 선보이고 있다. 다양한 사내외 네트워크를 활용해 고객의 Life Style을 업그레이드할 수 있는 프리미엄급 MD를 선정, 제안하고 지속적인 추가를 통해 고객생활 향상에 이바지하고 있다.

지속적인 서비스 품질 향상을 위해 고객접점평가, 고객만족도 조사를 정기적으로 시행하며, 고객이 직접 경영에 참여하는 '열린경영 위원회'를 실시하고 있다.

고객끼리의 다양한 취미와 관계증진을 위한 고객동호인클럽 발대식을 2차례 진행하여 활발히 활동하고 있다. 8월부터는 고객의 편익과 만족을 위해 고객의 입장에서 상품을 선택하고 대안을 제시하는 쇼핑 어드바이저 제도를 도입하여 시행 중에 있다.

VIP 고객을 위한 VIP Concierge 운영을 통해 호텔, 식당, 골프장, 공연장 예약 등의 1:1 맞춤서비스와 각종 정보를 제공하고 있으며, 2006년 8월부터 전 고객을 대상으로 Life Style Care Center를 오픈해 외부 MD 소개 등 고객 맞춤형 서비스를 제공하고 있다.

고객과의 이성적, 감성적 교류

현대백화점 압구정본점은 고객을 판촉 대상이 아니라 인간적인 관계를 맺어가는 이성적, 감성적인 대상으로 생각하고 있다. 이에 따라 환경보호를 위한 친환경 대체제 사용, 장바구니 사용 장려 캠페인과 환경보호 운동을 실시하고 있다. 특히 2004년부터 실시한 헌혈캠페인은 직원뿐만 아니라 고객도 직접 참여하고 있으며, 2004년 3월부터 유기농, 친환경 식품, 리싸이클(중고) 상품 등을 이국적인 장소에서 거래하는 유럽스타일의 색다른 재래 시장인 '그린마켓'을 매월 2회 열고 있다.

그리고 '서울지역 입양아들에게 분유를 지원합니다'라는 2006년 테마를 통해 2006년 10월 31일 현재 총 41회를 진행하여 129,921,984원의 자선기금을 마련, 수익금을 홀트 아동복지회 등 사회 자선단체에 기증했다.

현대백화점 압구정본점은 단순히 상품을 파는 곳이 아닌 새로운 생활문화 제안과 고객의 성공을 돕는 Life Stylist로서 고객의 다양한 Life Style에 가치를 더해나갈 방침이다. 또한 지역사회를 위한 봉사, 자선활동 등의 적극적인 참여를 통하여 사회적 책임을 다하고 고객의 생활을 풍요롭게 하며, 고객의 다양한 욕구에 맞는 격조있는 상류문화를 제안해 업그레이드해 나갈 계획이다.

우리은행 고객만족센터 …

최고의 콜센터!
초일류은행을 꿈꾼다

우리은행 고객만족센터는 올해로 출범 7주년을 맞이했다. 한국 금융의 대표주자로 글로벌금융을 선도해가고 있는 우리은행에 대한 신뢰와 믿음을 주며 최고의 고객 감동 서비스 실현을 위해 끊임없이 노력해 고객에게는 각 부문별 최상의 금융 컨설턴트로, 영업점 직원에게는 든든한 서포터스로 자리매김하고 있다.

우리은행 고객만족센터는 '최고의 콜센터! 초일류은행!'을 목표로 관리자에게는 솔선수범과 열정을, 상담원에게는 자율정신과 업무 지식 향상을 강조하며 Win-Win 전략을 꾸준히 실천하고 있다. 특히 최고의 업무 지식을 무기로 하는 '전문 상담원 양성제도' 도입으로 검증된 전문 상담원을 양성하고, 전임강사제도 실시, 텔레마케터 Skill-Up System 도입, 자체 연수 및 평가제도 강화를 통해 금융권 최고의 인적 인프라를 구축하고 있다.

　이러한 내적 소프트웨어를 바탕으로 선진 콜센터 시스템 구축에 한 걸음 다가섰다. 무엇보다 24시간 365일 상담원 서비스 실시 및 고객의 소리(VOC) 청취 시스템을 구축하고 외국어 상담 서비스, 고객 Care24 제도를 실시하는 한편 상담원 관리 시스템(AMS) 등을 구축 운영하고 있다.

　또한 영업점 지원 확대의 일환으로 '영업점 문의전화 콜센터 집중 서비스' 실시, 여·수신, 외환 및 외국어 헬프 데스크 운영, 콜센터 전용 화상상담 키오스크(KIOSK; 공공장소에 설치된 터치스크린 방식의 정보 전달 시스템)인 '고객상담 114'를 설치·운영 중이다. CRM 마케팅 향상을 위한 대고객 DM 업무 영업 지원 및 '영업현장 지원 Pro-Supporters 팀'을 운영하고, 'CRM 연계 Out-Bound Marketing 확대' 실시와 '고객 정보 DB 정비 및 DM 마케팅 고객 반응률 제고', 'Reserch 기능 강화' 등 타행 콜센터에서는 볼 수 없는 차별화되고 선진화된 든든한 하드웨어를 구축해 세계 초일류 반열에 당당히 올라서기 위해 매진하고 있다.

이와 같은 탄탄한 인적·물적 인프라를 바탕으로 한국 금융의 중심에 선 우리은행 고객만족센터 760여 명의 전문 상담원은 수준 높은 고객 감동 서비스를 제공하고, 세계 최고의 콜센터로 거듭나기 위해 지속적으로 업무 지식과 상담 스킬 향상에 전념하며 최상의 텔레마케터로 거듭나고 있다.

또한 우리은행 고객만족센터에서는 전행 CS 기획·모니터링, 서비스 연수 업무를 총괄 운영하며 전행 CS 문화 확산을 위한 붐업 활동을 시작으로 단계적이고 체계적인 CS 혁신을 추진하고 있다.

우리은행 고객만족센터는 국내 금융권 최초로 '24시간 365일 상담원을 통한 원스톱 서비스' 센터로서 전 직원이 고객 및 직원의 다양한 니즈를 충족시켜 주는 세계 최강의 전문 컨설턴트가 되기 위해 오늘도 최선의 노력을 다하고 있다. 또한 상담직원 만족 팀을 운영하며 다양한 이벤트 및 동아리 활동을 전개하고 있으며, 캐롯 마일리지 제도를 통해 경영진의 현장 참여 프로모션을 실시하는 등 직원 존중의 감성 경영 문화를 만들어가고 있다.

서비스
품질인증
AA+

뉴코아아울렛 평촌점 …
고객 속에서 고객을 돕는 사람

뉴코아는 패션 의류를 운영해온 경험을 바탕으로 차별적인 상품 구성, 저비용 운영 시스템 및 VMD(Visual Merchandising) 구현과 함께 고객이 원하는 A급 브랜드 상품을 1/2 가격에 제공함과 동시에 고객을 가족처럼 대하는 친절한 서비스를 제공함으로써 가격과 품질 만족, 행복한 감동 서비스를 통한 구매 경험자가 늘면서 새로운 유통 강자로 떠오르고 있는 기업이다.

뉴코아의 부도 후에 오픈한 평촌점의 경우 서비스 모니터링 95점 달성과 CSI 85점 달성으로 고객과 직원 모두에게 행복을 전달하는 뉴코아 모델점을 목표로 하고 있으며, 이번 품질인증 AA+ 획득으로 대내외적 상징성을 알리는 중요한 계기가 되었다. 뉴코아 평촌점은 2004년 9월 16일에 새롭게 리뉴얼해 개점한 복합 아울렛 매장이다.

경영 철학과 마케팅 전략

뉴코아의 경영 철학은 "기업은 고객을 위해 운영되어야 합니다. 이는 만족한 고객이 최선의 광고이기 때문입니다"라는 고객만족경영 이념이다. 이는 이랜드 그룹 경영의 기본 이념이면서 구체적으로는 남중심적 사고, 프로 정신, 상인 정신, 배우려는 자세 등의 18가지 이랜드 정신에서 좀 더 구체화되어 있다.

뉴코아 서비스도 기본적으로는 이러한 경영 이념에서부터 출발한 것이다. 백화점이 우수한 브랜드와 서비스를 제공하고 있지만 중산층 이하의 고객 입장에서는 여전히 가격에 대한 부담을 가지고 있다. 따라서 뉴코아 아울렛의 시설과 서비스는 백화점 수준을 유지하면서 가격대는 할인점에 버금갈 정도로 차별화를 꾀하는 것이 기본 방향이다.

뉴코아가 '고객을 내 가족처럼' 응대하는 인적 서비스와 좋은 품질의 상품, 만족한 가격이 실현되어 두 배의 가치를 지속적으로 제공한다면 고객은 뉴코아를 선택할 수밖에 없을 것이다. 그에 따른 경영 전략으로 고객에게는 A급 브랜드 상품을 1/2가격으로 제공하고 고객을 가족처럼 대하는 친절한 서비스로 행복한 구매 경험을 제공한다.

주주에게는 연평균 20% 이상 성장으로 투자 가치를 지속시키고, 직원에게는 고객만족에 헌신할 수 있도록 직원이 자부심을 갖는 기업 문화를 조성하고 직원의 장기적인 성장을 위해 학습조직, 지식 경영을 통한 전문가로 성장시킨다.

뉴코아아울렛은 2005년 고객만족 혁신 경영과 적극적인 투자를 통한 매장 리뉴얼로 소비자 만족도를 높이면서 짧은 기간 동안에 전환 경영 성공의 길로 들어섰으며, 로열티 고객 유지를 위한 적극적인 노력을 통해 뉴코아에 대한 신뢰도와 충성도를 높이는 적극적인 노력을 하고 있다. 특히 이번에 서비스 품질 등급인증을 받은 뉴코아아울렛 평촌점은 소비자들이 고품질 상품을 부담 없이 살 수 있도록 하면서도 시설과 서비스는 백화점 수준을 유지하는 등 뉴코아아울렛 사업의 경영 전략을 실현시킨 모델 점포이다. 또한 뉴코아아울렛 평촌점은 고객에게 편안한 쉼터와 문화공간을 제공하고자 옥상 하늘공원을 고객의 쉼터로 새 단장 오픈했다. 70% 정도를 유아동 관련 강좌로 진행하고 있는 문화센터와 어린이 전용 소극장, 어린이 놀이방과 유아 전용 휴게실을 마련하는 등 쾌적하고 고객 지향적인 쇼핑 환경 구현을 위한 지속적인 노력으로 20~30대 주부 고객들의 큰 호응을 얻고 있다.

뉴코아 평촌점의 모든 접점 직원은 '가자 고객 속으로!' 라는 캐치프레이즈 아래 전 직원이 '고객을 돕는 사람' 으로서 모든 상황에서 고객의 유익을 최우선으로 판단해 행동하는 행동 원칙을 가지고 밝고, 편안하고, 최선을 다해 고객을 돕는 서비스를 제공하고 있다. 이는 가족적이고 자발적인 서비스팀 활동 때문이다. 적극적이고 자발적인 서비스 팀장들의 지휘 아래 움직이는 현장 서비스 개선 활동, 다양한 서비스 교육을 통해 양성된 우수한 현장의 서비스 조장, 또한 지점장부터 접점 직원에 이르기까지 폭넓은 대화 채널로 현장 관리가 원활히 이뤄지는 점이 우수하다. 연 5회 개최되는 서비스 경진대회 등을 통해 업체 직원들을 주축으로 해외연수 포상 및 문화행사 참여, 각종 우수 직원 포상 등을 실시하며 동기부여를 하고 있다.

뉴코아아울렛은 고객만족 품질 경영 혁신을 통해 최고의 상품과 서비스를 제공함으로써 두 배의 고객 가치를 실현하며 2007년도에는 신규 출점과 중국 등 해외 진출로 2010년까지 세계 1위의 지식 유통 전문 회사로 거듭나겠다는 목표를 세워놓고 있다.

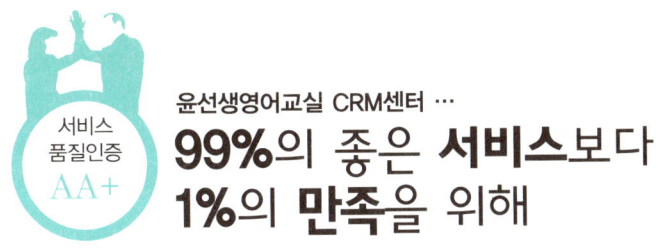

99%의 좋은 서비스보다 1%의 만족을 위해

윤선생영어교실의 CRM센터는 고객 감동을 최우선으로 하는 CEO 직속으로 운영되는 부서로 고객 감동 문화를 추진하기 위해 반기 1회 CS 우수 사례를 에피소드집으로 발행해 CS 철학과 열정 등을 공유하고 있다. 이들은 '보이지 않아도 감동시킬 수 있습니다' 라는 모토 아래 진화하는 고객의 기대에 부응하고자 조직 구성원 전체가 고객 관점에서 사고하고 행동하는 등 '고객 중심적' 조직 목표를 실현하기 위해 다양한 노력을 하고 있다.

먼저 인프라를 위해 고객 지향적 정책 관리와 고객 관리(CRM) 시스템을 구축하고, 서비스 프로세스를 위해 서비스 개발 TFT, 역량 개발, 성과 관리 수립, '쉼터 만들기 TFT' 실시를 통해 내부 만족도 제고에 박차를 가하고 있다

서비스 개발 TFT의 경우 99%의 좋은 서비스가 아닌 단 1%의 덜 좋은

서비스가 전체 고객만족의 수준을 결정짓는다는 최소인자 결정의 법칙에 따라 고객에게 불만족한 요인이 없는지 세심히 살피고 있다. 도출된 불만 사항의 경우 자사의 임원으로 구성된 '고객감동위원회'의 지원을 받아 적극적인 서비스 개선안을 수립하고 있다.

또한 고객에게 보다 나은 서비스를 제공하기 위해 상담원 역량 개발 및 체계적인 경력 개발 프로그램을 운영하고 있다. 특히 사내 대학원인 PATEC을 통해 영어교육 전문 상담원으로 거듭나고 있다.

이와 더불어 고객 우선주의를 소신껏 실천할 수 있도록 적절한 책임과 권한을 위임해 효과적인 대고객 서비스를 제공할 수 있도록 하고 있다.

또한 고객 상담 품질 유지 및 개선을 위해 외부 전문 업체와 SLA (Service Level Agreement)를 운영해 95% 이상의 높은 서비스 레벨을 유지하고 있다. 서비스 품질의 일관성과 표준화를 위해 표준화된 상담 매뉴얼을 제공하면서 자체 상담 품질 분석 요원(QAA) 운영 및 매월 정기적인 CSI 조사를 통해 고객만족도 제고를 위해 노력하고 있다.

그 외에 Self Monitoring Room을 활용한 Good & Bad 사례 청취를 통해 상담 품질 향상에 관심을 있으며, 고객과의 소중한 약속을 철저히 이행하고자 Web 고객 사랑일지 시스템을 운영하고 있다.

또한 CRM 강화를 위해 전 신규회원 대상 Thanks Call 및 학습 가이드북을 제공하고 있으며, VOC 처리 후 고객의 만족 여부를 점검해 고객만족도를 평가하고 피드백하는 해피콜 제도를 활성화하고 있다.

특히 고객만족 차원에서 테이프 교체 서비스를 원스톱으로 실시하는 등 고객 편의를 위해 신속하게 처리하고 있다

내부 고객만족도 제고를 위해 '샘터 만들기 TFT'의 활동으로 매월 우수 상담원을 선발해 명예의 전당에 게시하며 연간 CS 마일리지를 통한 해외여행 프로모션도 진행하고 있다. 그 외에 동아리 지원 활동 및 상담요원의 고충처리위원회 운영 등 내부 고객만족도 향상을 위해 노력하고 있다.

앞으로도 윤선생영어교실 CRM 센터는 끊임없이 변화하는 고객의 기대에 부응하기 위해 지속적으로 진화해나갈 것이며, 사랑받고 존경받는 영어교육 명문기업의 CSCreator로서 고객 감동을 위해 한 걸음 더 나아갈 계획이다.

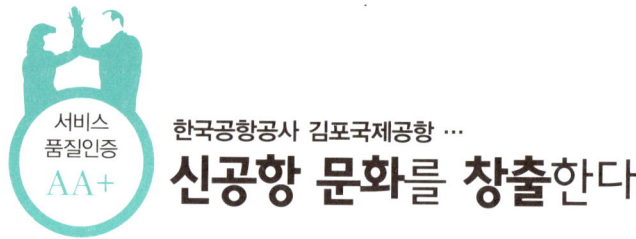

한국공항공사 김포국제공항 …
신공항 문화를 창출한다

1980년에 설립한 한국공항공사의 목적은 공항을 효율적으로 건설 및 관리 · 운영함으로써 항공수송을 원활하게 하고, 국가경제의 발전과 국민복지 증진에 이바지하는 것이다. 현재 한국공항공사는 김포, 김해, 제주공항 등 7개 국제공항을 비롯한 전국 14개 공항과 항로시설본부, 항공인력개발원, 9개 항공무선표지시설 등을 운영하고 있으며, 21세기 무한 경쟁시대에 26년간의 축적된 공항 운영 노하우를 바탕으로 고객 감동을 실현하고, 사회적 책임을 다하는 '세계적 공항운영 전문기관'으로 발전하고 있다.

한국공항공사가 항공기 안전운항과 대고객 서비스 향상을 위해 추진하고 있는 역점사업은 다음과 같다.

항공기 안전운항 확보와 u-Airport공항 구현

공사 자체의 기술로 차세대 위성항법 시스템을 개발하고 위성항행 시스템을 설치해 지상 감시 레이더 기능을 강화함으로써 항행안전시설에 대한 완벽한 안전을 도모하고 있다. 이와 함께 항행안전 종합 상황실을 설치, 전국 공항 항행안전장비의 통합 감시를 통한 신속한 상황대응 체제를 구축해 운영하고 있다. 또한 공항의 안전 위협 요소를 시스템적으로 관리하는 안전관리 체계(SMS)를 구축해 유사시 발생할 수 있는 각종 사고 예방에 적극 대처하고 있다.

선신공항 구현을 위해 '세계적으로 인정받는 유비쿼터스 공항 구현'이라는 목표를 세운 공사는 2010년까지의 u-Airport 전략을 위한 환경 분석과 비전 수립, 모델 정의 등을 통한 공항 운영의 효율화, 공항안진 강화,

고객 감동 u-IT 공항, 공항시설의 효율화와 새로운 가치 창출을 위한 마스터플랜을 수립, 2007년부터 One-pass 탑승 서비스 환경 구축, 모바일 기반 서비스 환경 구축, 목적지까지 수하물 배송, 추적 등의 시스템을 공항별로 단계적으로 추진할 계획이다.

변화와 혁신을 통한 고객 감동 실현과 사회적 책임 완수

한국공항공사는 공사 창립 26주년을 맞아 지난 7월 1일 비전 2010 선포식을 통해 공기업 고객만족도 1위 달성, 지역사회 공헌을 위한 매출액 대비 2% 지출, 선진경영 시스템 완비, 매출 4400억 원 달성, 해외공항 위탁 경영 체제 역량 구축 등을 선포했다. 이에 따라 조직 개편을 단행, 김포국제공항을 운영하는 서울지역 본부의 설립과 고객 접점 업무의 권한 위임을 대폭 강화했고, 서비스 개발 팀을 신설, 공사의 총괄적인 CSM 전략 개발과 전 지사의 고객만족경영을 지원하는 서비스 전담팀을 운영함으로써 고객 감동 실현을 위한 조직 체계를 갖추었다.

가족과 함께 즐기는 꿈의 도시

공사는 김포국제공항을 쇼핑 · 레저 · 문화가 함께하는 관광 명소로 새롭게 조성해나가고 있다. 김포국제공항 스카이시티 프로젝트에 따라 1단계 사업으로 대형 할인점인 이마트와 척추 전문 병원인 우리들병원, 국제선 터미널에는 이동통신, 가전, 패션 등 다양한 매장을 가진 대규모 전자 · 패션몰 테크노 스카이시티와 각종 국제회의와 결혼식을 거행할 수 있는 웨딩 · 컨벤션센터, 9개의 상영관을 갖춘 복합영화관을 유치해 성공적인 공항운영의 성과를 거두고 있다. 또한 202타석과 비거리 300야드의 시설에 사우나, 헬스클럽 등 다양한 부대시설을 갖춘 국내 최대 규모의 골프 연습장도 유치하는 등 고객의 가치 추구 향상을 위해 노력하고 있다.

2단계 사업으로는 공항 내 여유 부지 약 6만여 평을 활용해 자연친화적인 테마파크 설치를 추진 중에 있으며, 나아가 공항 외곽 토지를 개발해 골프장 등도 추진할 계획이다. 이처럼 스카이시티 프로젝트가 완료되면 김포 국제공항은 비행기를 타는 공항의 기능만이 아니라, 쇼핑, 레저, 문화, 호텔 기능을 고루 갖춘, 가족과 함께 즐기는 관광 명소로 부상할 것이다.

2007년에는 CSM 강화기로 통합 VOC센터로서의 콜센터 기능을 대폭 강화하고, 고객 니즈에 맞는 CS 교육 체계를 재정립해 고객 체감 서비스 품질을 향상시킬 것이며, 보안 · 안전사고 없는 공항, 지역사회에 공헌하는 사회적 책임을 다하는 기관, 고객만족도 최상위 공기업 달성 및 월드 베스트 서비스의 세계적인 공항운영 전문기관으로 발전하기 위한 전략을 세우고 있다.

KMAC CS Report

고객의 꿈을 만드는 사람들

초판 2쇄 발행 2007년 1월 16일

발행인 김종립
발행처 KMAC
엮은이 KMA CS위원회
출판등록 1990년 5월 11일 제13-345호
주소 서울 영등포구 여의도동 12 CCMM빌딩 8층
문의전화 02-3786-0114 **팩스** 02-3786-0333
홈페이지 www.kmac.co.kr
디자인 나인플러스 02-741-1461

ⓒ KMAC, 2006

ISBN 978-89-89503-13-2 13320

정가 15,000원
잘못된 책은 바꾸어 드립니다.